ENSEIGNEMENT PRIMAIRE SUPÉRIEUR (3ᵉ ANNÉE)

Cartes d'Étude

pour servir à l'Enseignement

de l'Histoire et de la Géographie

Par Marcel DUBOIS et E. SIEURIN

I. — LE MONDE AU XIXᵉ SIÈCLE
II. — LE MONDE MOINS L'EUROPE

58 Cartes et 140 Cartons

Treizième édition, conforme aux programmes du 26 Juillet 1909
avec 8 Cartes nouvelles et 9 Cartes refaites

MASSON ET Cⁱᵉ, ÉDITEURS   2 fr. 25

Cartes d'Étude

I. — LE MONDE AU XIXE SIÈCLE
II. — LE MONDE MOINS L'EUROPE

Enseignement primaire supérieur (3e année)

Cartes d'Étude

pour servir à l'Enseignement de

l'Histoire et de la Géographie

PAR MM.

Marcel DUBOIS
Professeur de Géographie coloniale à la Faculté des lettres de Paris
Maître de Conférences à l'École normale supérieure de jeunes filles de Sèvres

ET

E. SIEURIN
Professeur d'Histoire et de Géographie au Collège de Melun.

I. — LE MONDE AU XIXE SIÈCLE
II. — LE MONDE MOINS L'EUROPE

58 CARTES ET 140 CARTONS

Treizième édition, avec 8 Cartes nouvelles et 9 Cartes refaites

---

PARIS
MASSON ET CIE, ÉDITEURS
120, BOULEVARD SAINT-GERMAIN
—
1911
Tous droits de traduction et de reproduction réservés pour tous pays

HISTOIRE

Le Monde au XIXᵉ siècle

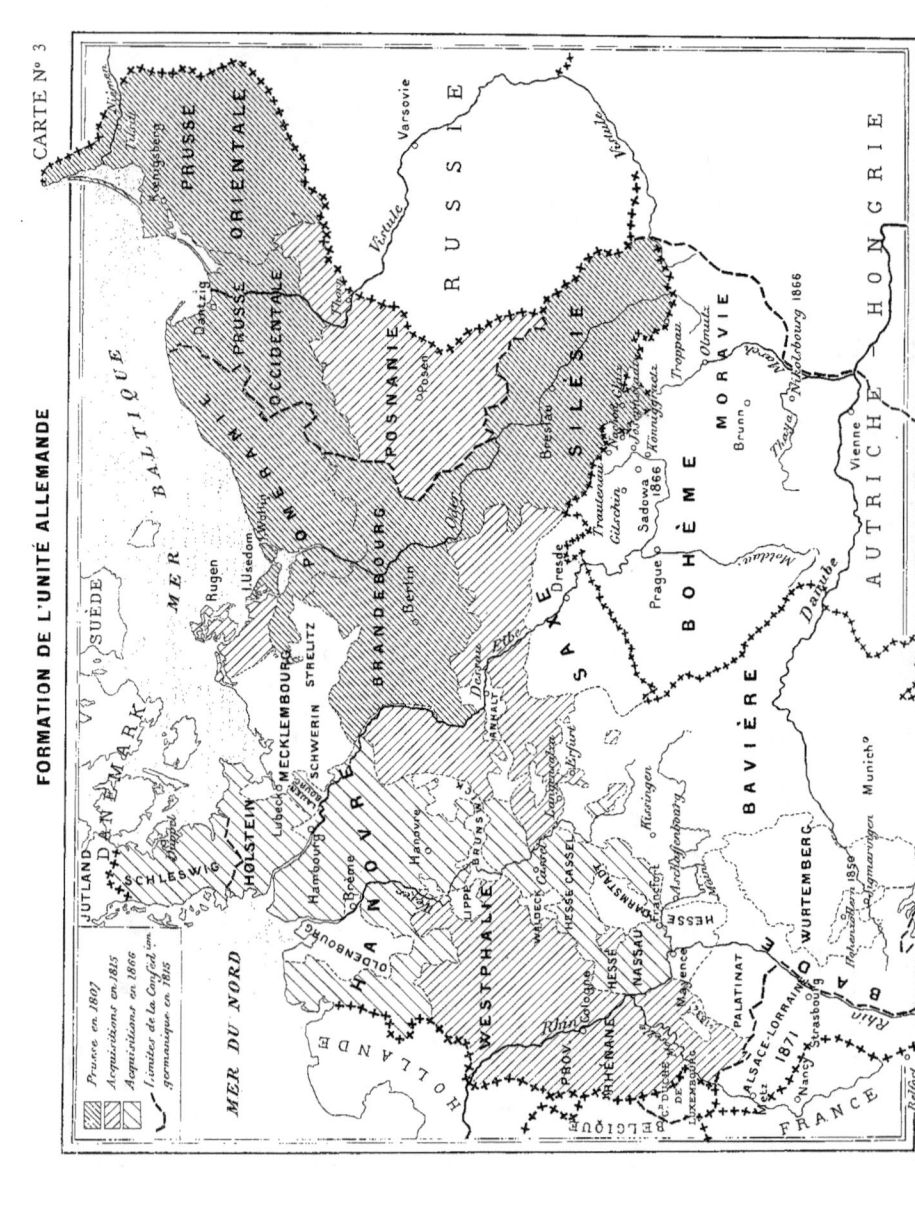

GUERRE FRANCO-ALLEMANDE

CARTE N° 4

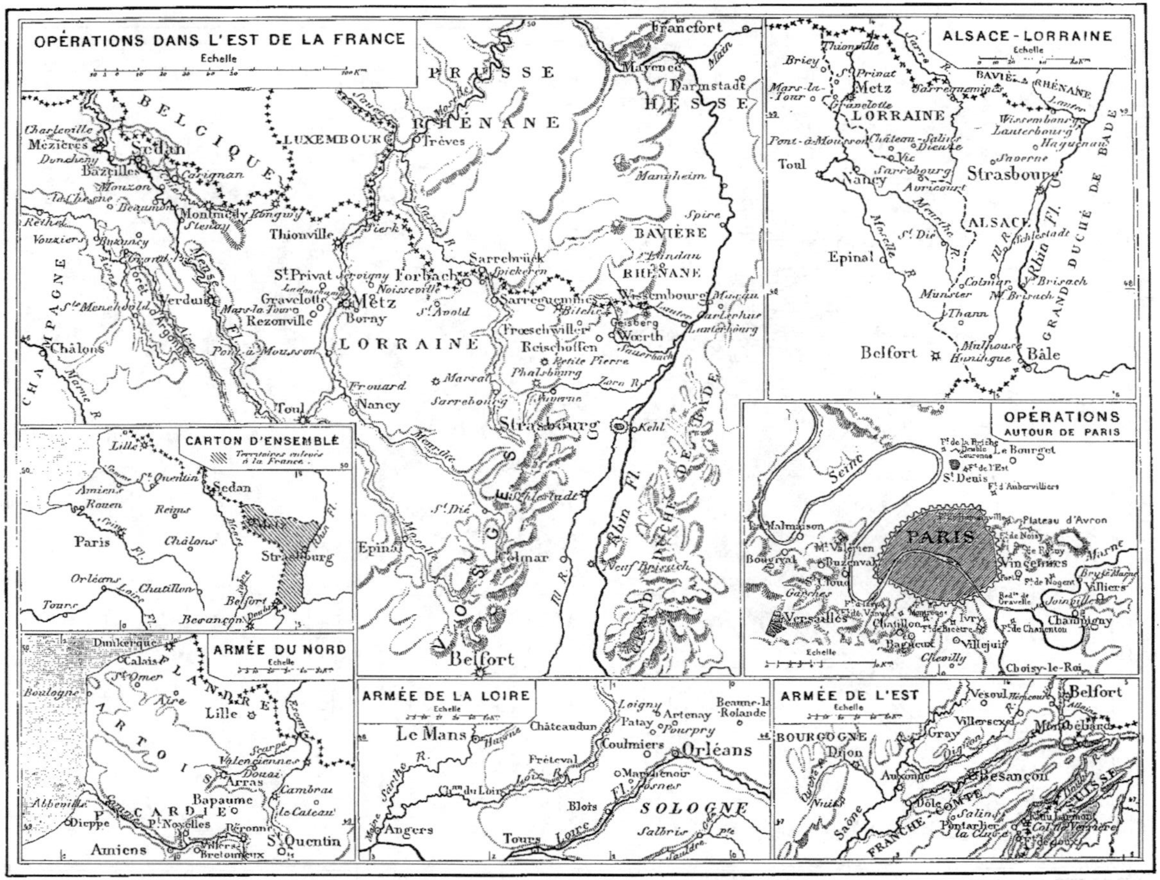

Masson et Cie, éditeurs.

Sieurin, del.

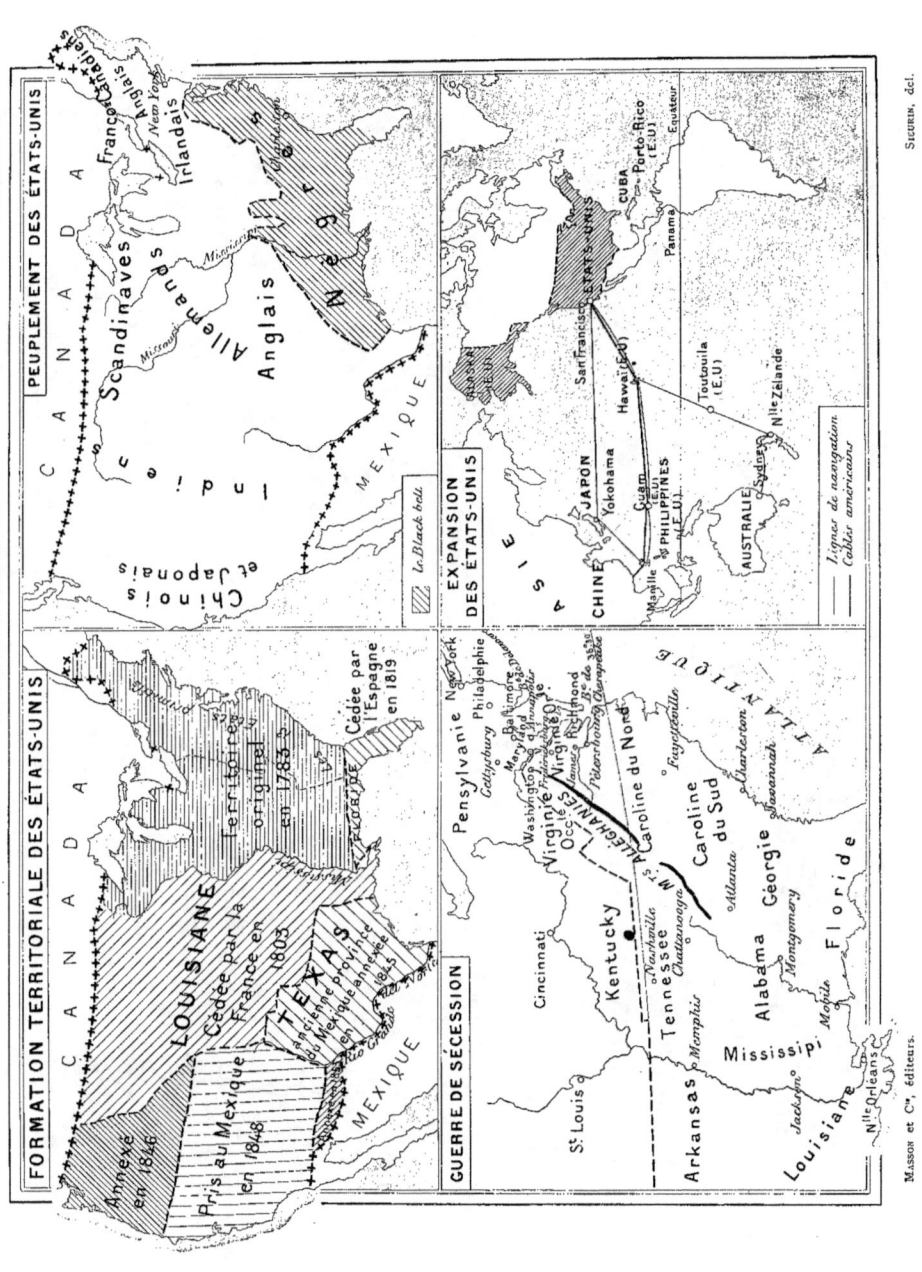

LES EUROPÉENS EN ASIE　　　　CARTE N° 9

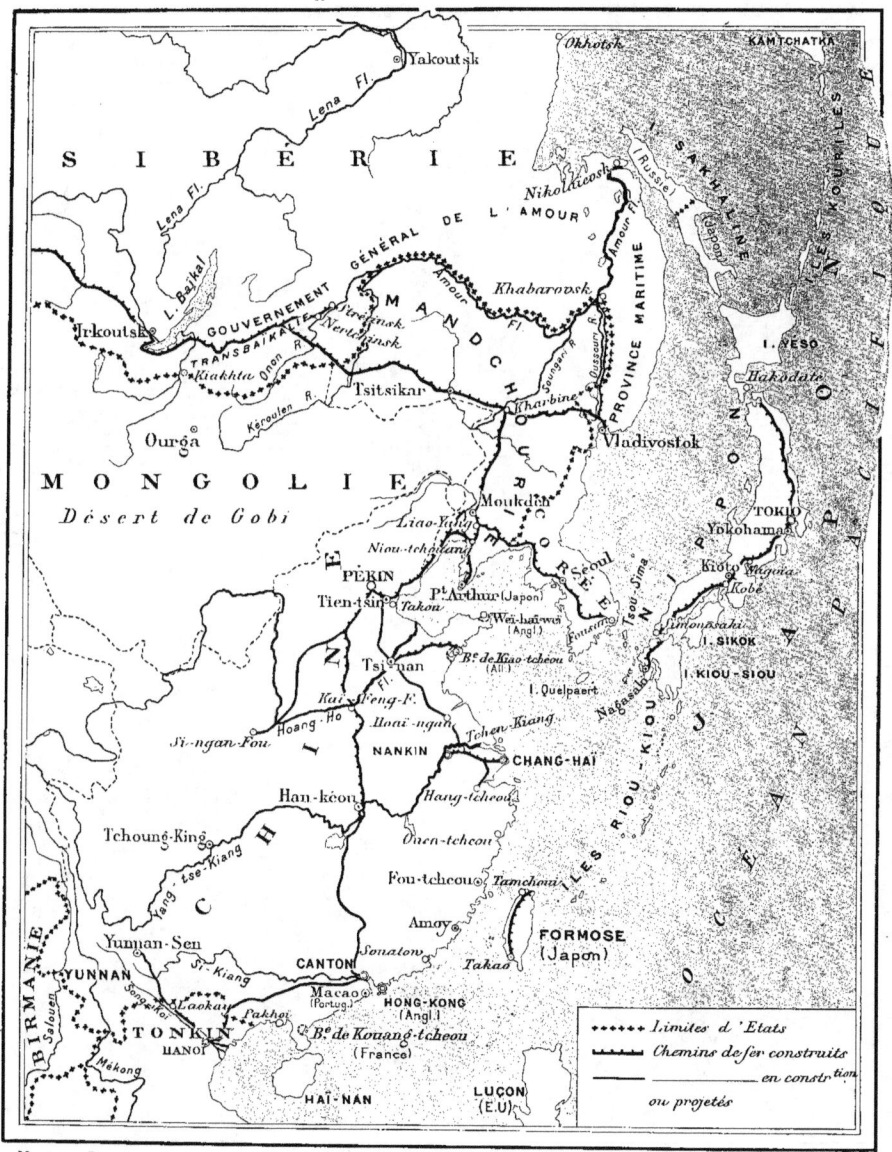

LA QUESTION D'EXTRÊME-ORIENT — CARTE N° 10

MARCEL DUBOIS & SIEURIN. — L'EXPANSION BRITANNIQUE — CARTE N° 11

Les cartes de détail de l'Afrique, ainsi que le carton "L'Allemagne en Nlle Guinée", sont à la même échelle : 100 10 0 100 200 300 400 Kil.

Masson et Cie, éditeurs. Sieurin, del.

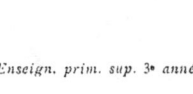

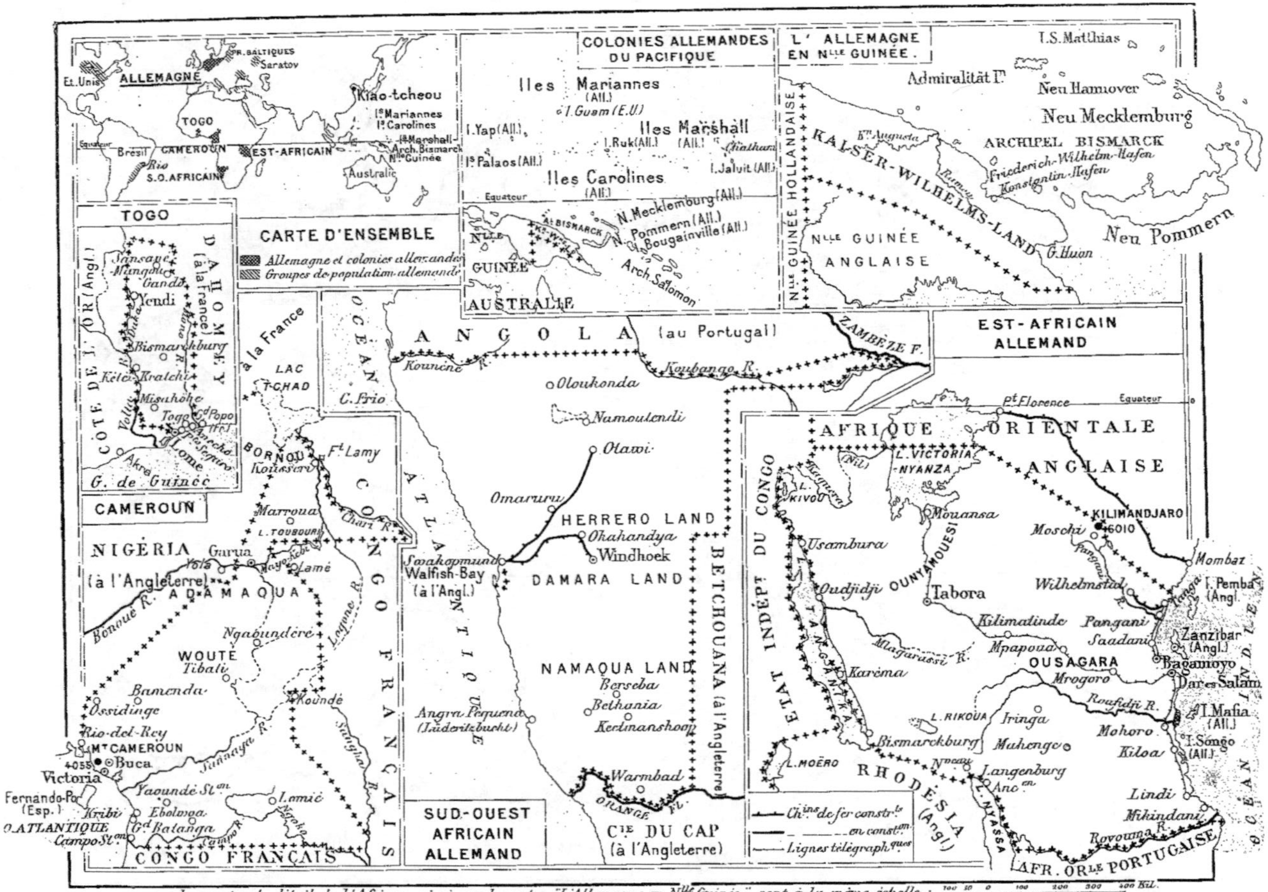

LES GRANDES VOIES DE COMMUNICATION

CARTE N° 13

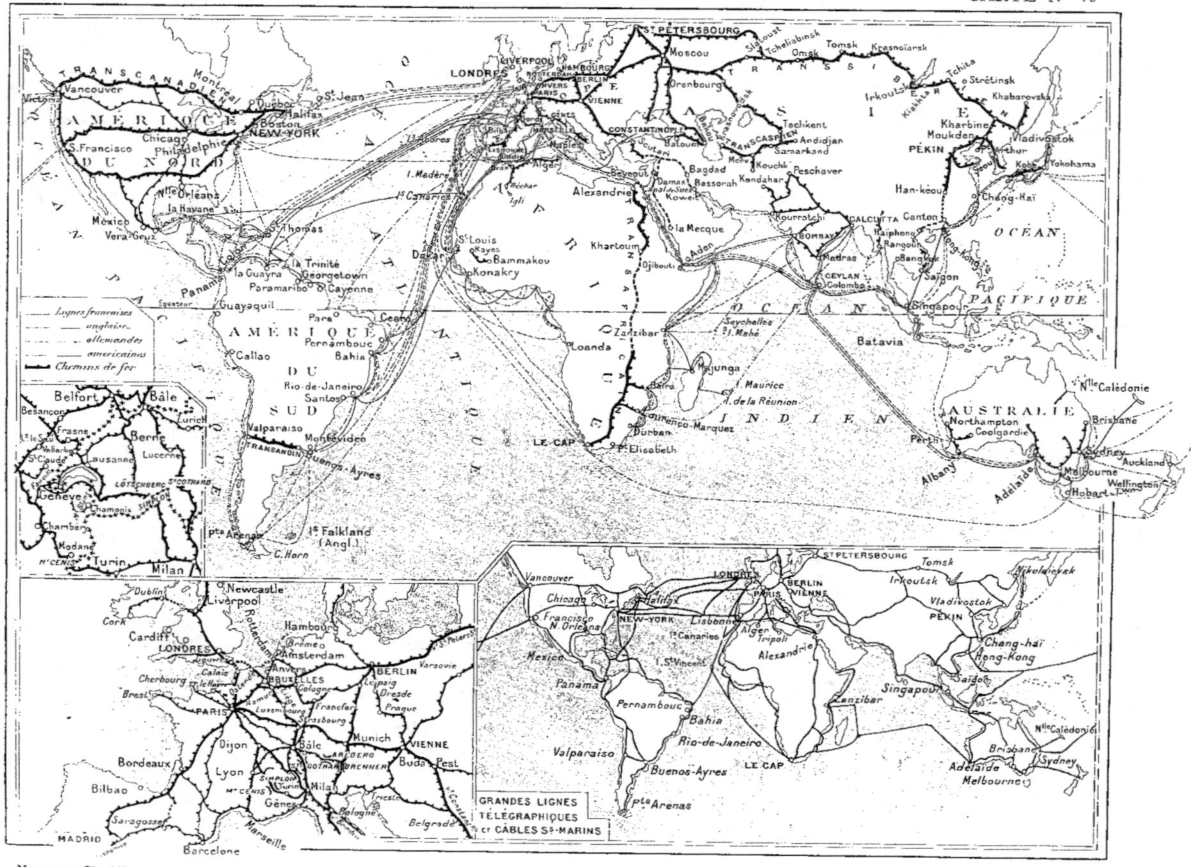

MASSON et Cie, éditeurs.

SIEURIN, del.

GÉOGRAPHIE

Le Monde moins L'Europe

MARCEL DUBOIS & SIEURIN. **ASIE PHYSIQUE** CARTE N° 14

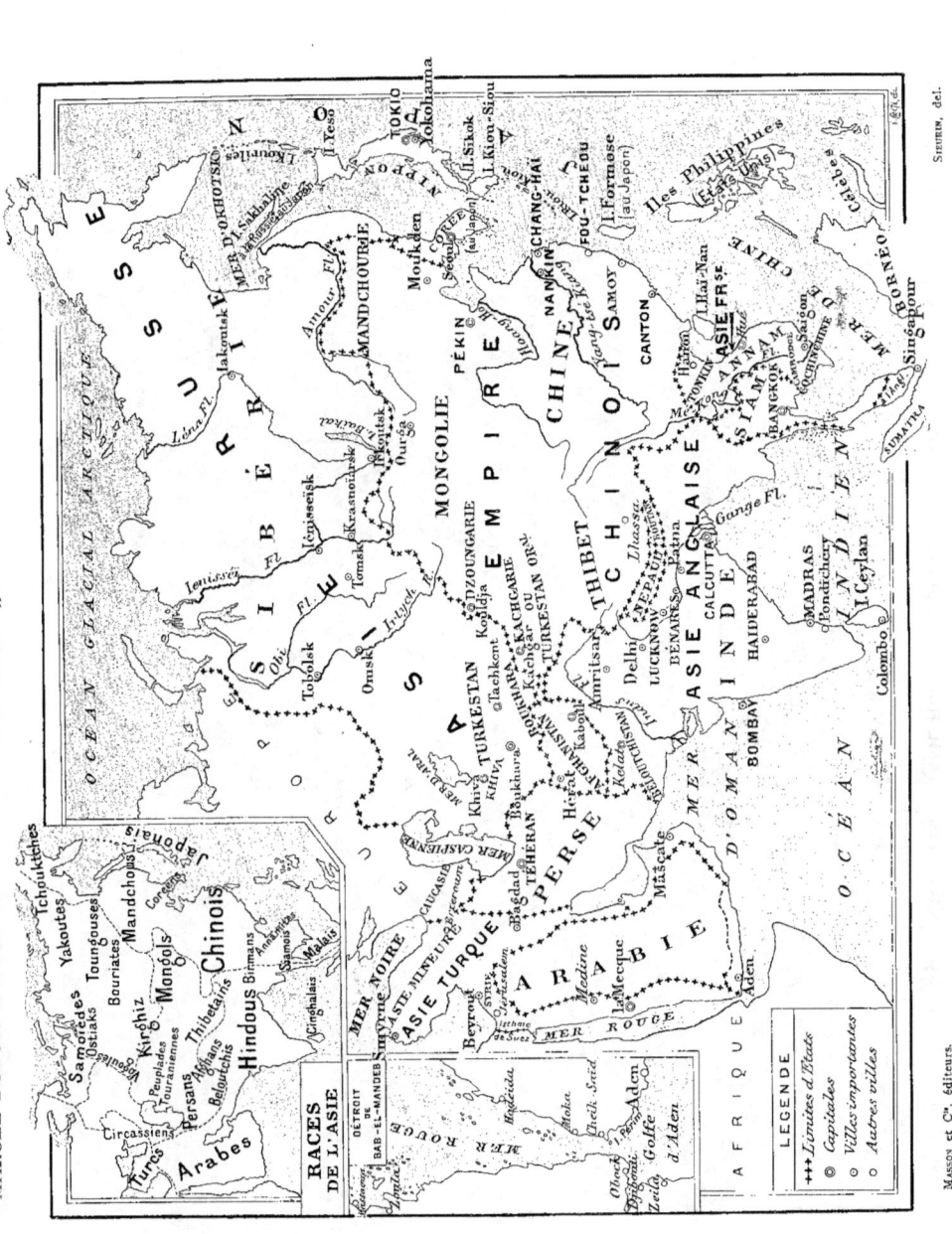

MARCEL DUBOIS & SIEURIN. **ASIE RUSSE — SIBÉRIE** CARTE N° 16

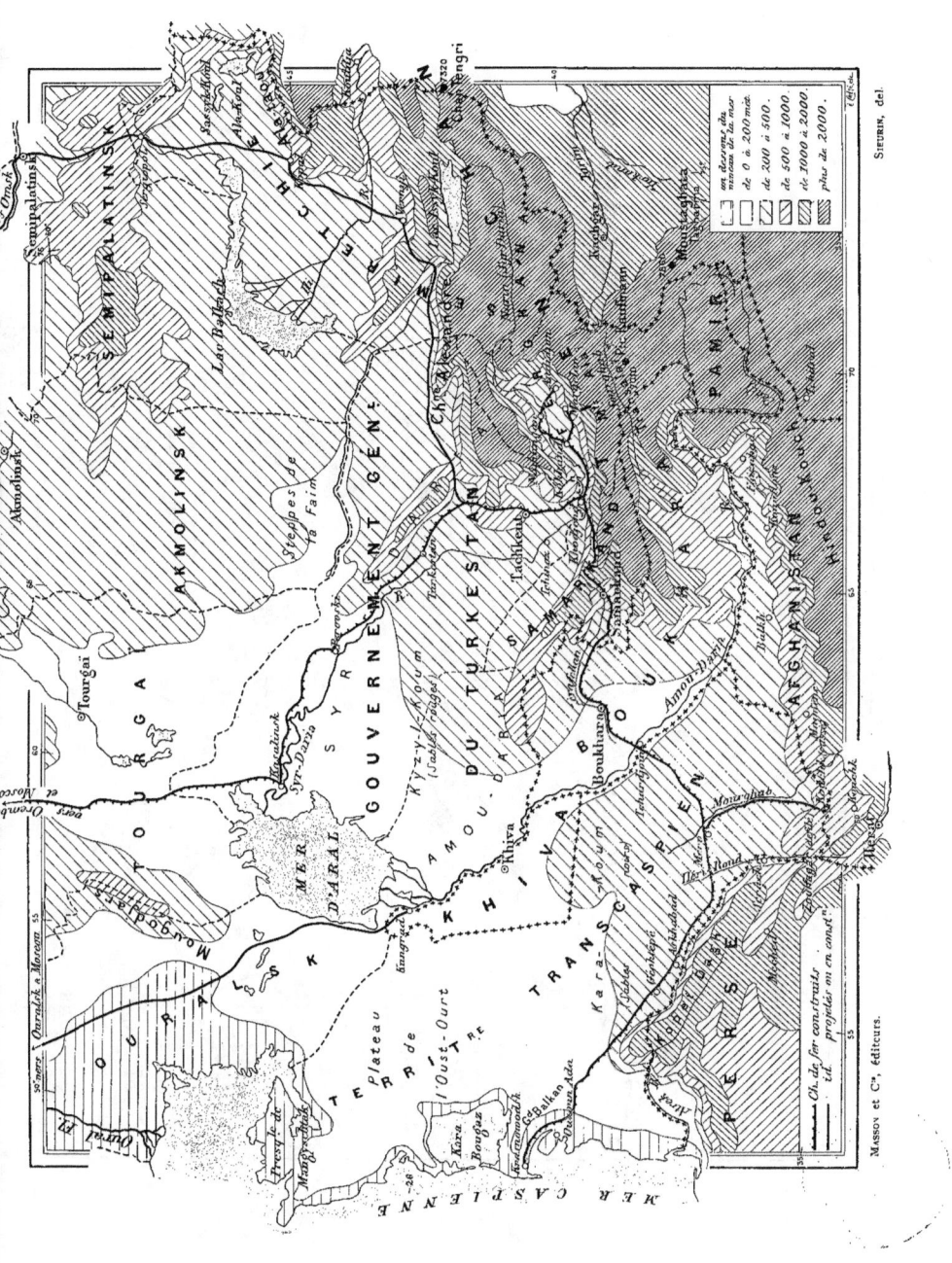

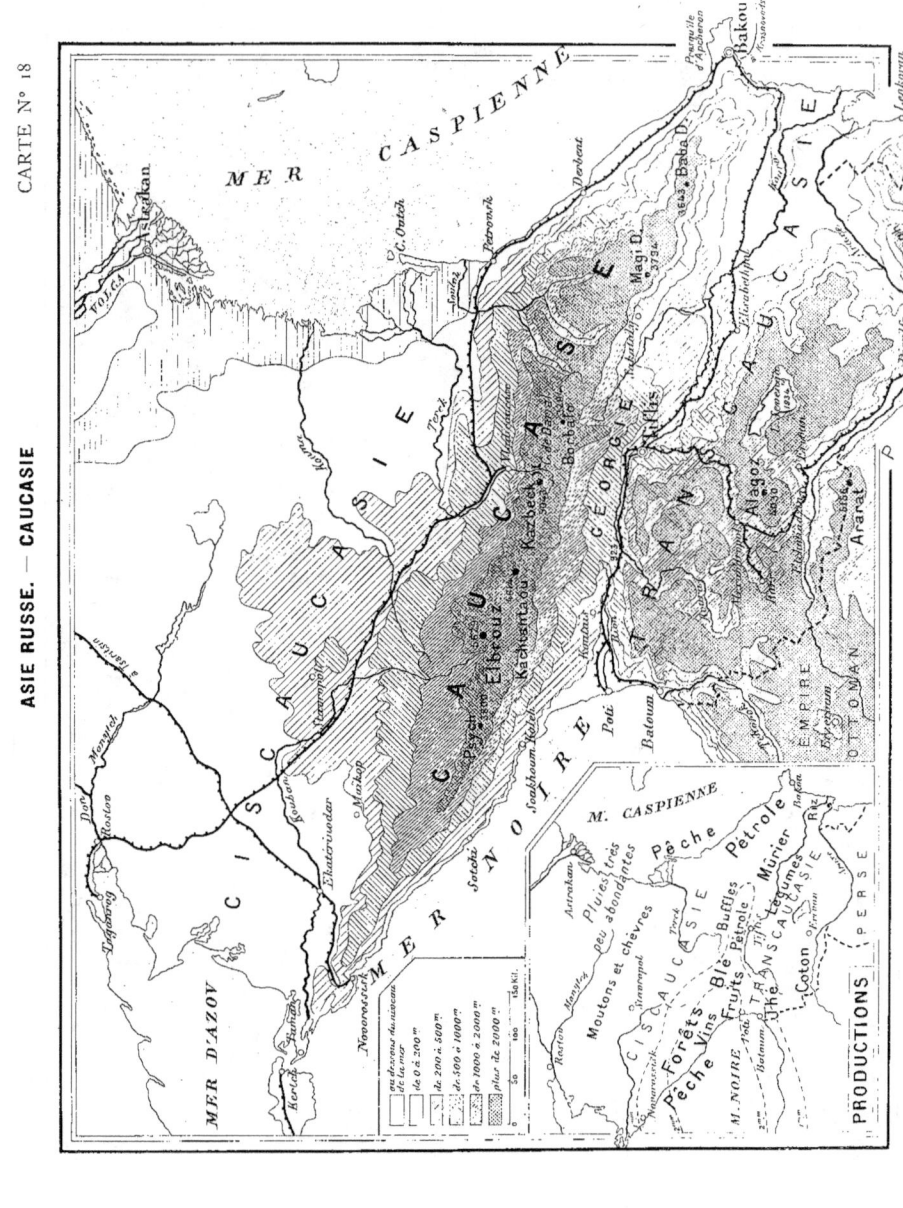

LA TURQUIE D'ASIE — CARTE N° 19

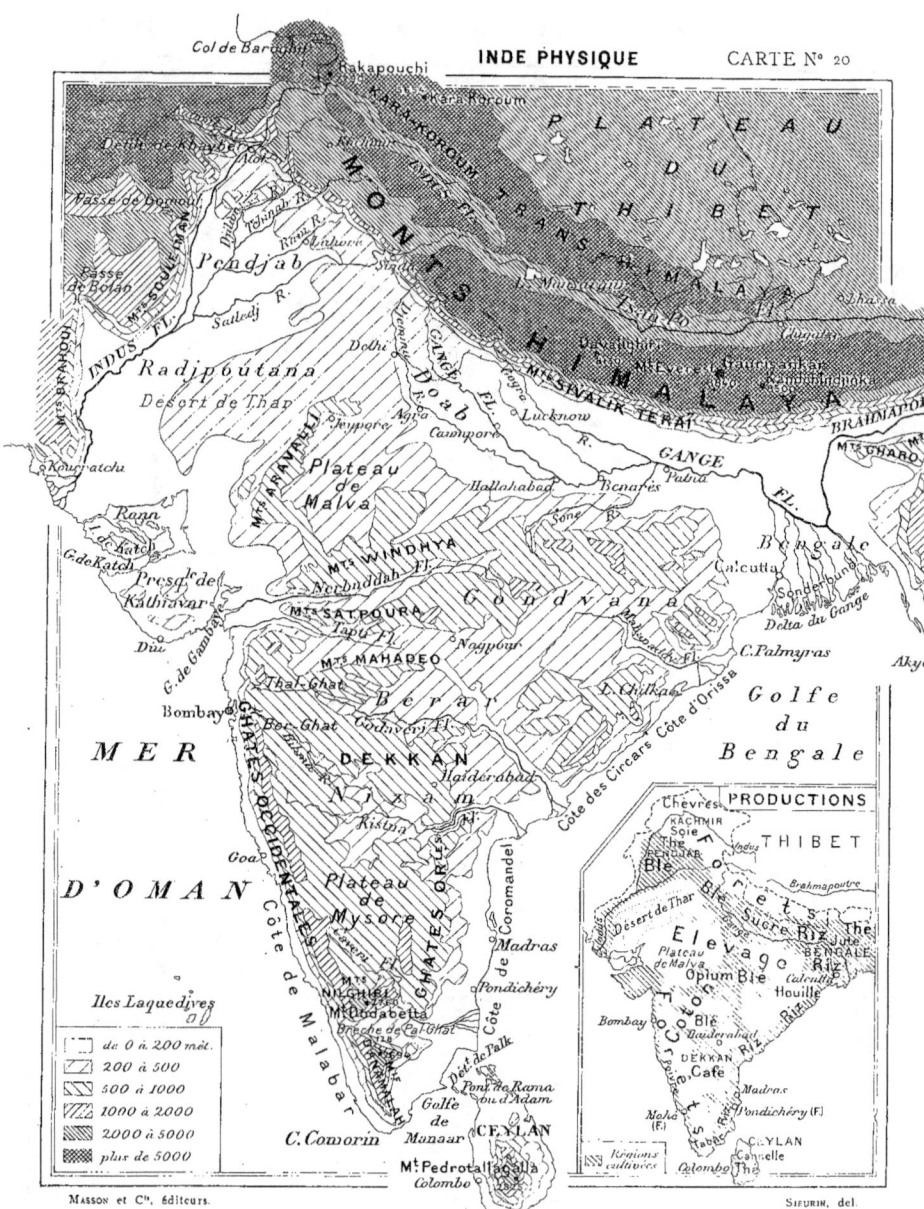

MARCEL DUBOIS & SIEURIN. **INDE POLITIQUE** CARTE N° 21

L'IRAN

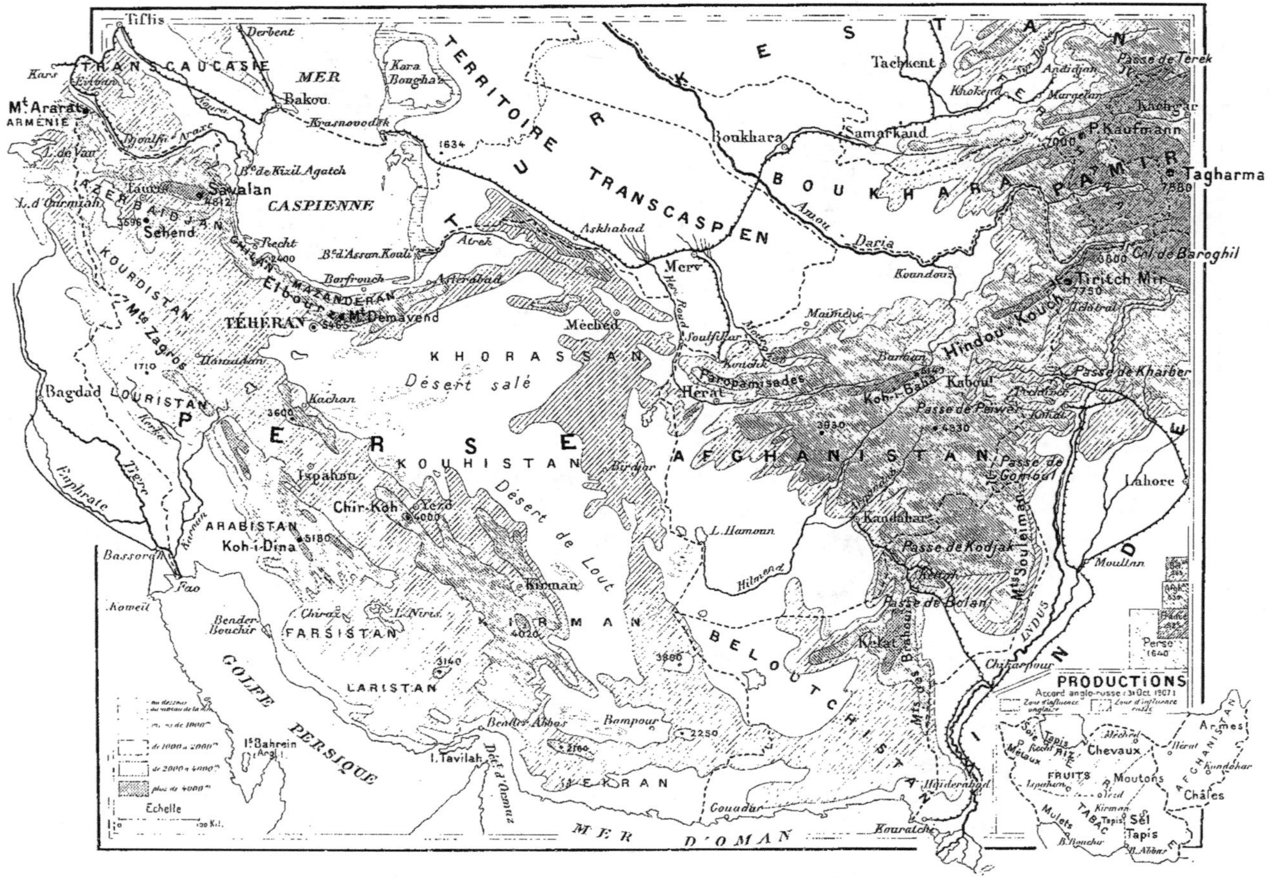
TRANSCAUCASIE
Tiflis
Kars
Mt Ararat
ARMÉNIE
Derbent
MER
CASPIENNE
Bakou
Kara Boughaz
Krasnovodsk
1634
TERRITOIRE
TRANSCASPIEN
Askhabad
Atrek
Merv
Heri Roud
Boukhara
Samarkand
Tachkent
BOUKHARA
Amou Daria
Koundouz
PAMIR
Tagharma
7880
P. Kaufmann
Passe de Terek
Andidjan
Margelan
Khokend
Kachgar
Col de Baroghil
Tiritch Mir
7750
Tchitral
Hindou Kouch
Passe de Khaiber
Kaboul
Koh-i-Baba
Passe de Peiwer
4330
3930
AFGHANISTAN
Passe de Gomoul
Lahore
Mts Souleiman
Kandahar
Passe de Kodjak
Passe de Bolan
Kelat
Mts des Brahouis
INDUS
Moultan
Chikarpour
Haiderabad
Kouratchi
Hérat
Paropamisades
Maïmene
Soulfikar
L. Hamoun
Hilmend
Birdjar
BELOUTCHISTAN
3880
Gouadar
2250
Bampour
MEKRAN
MER D'OMAN
Dét. d'Ormuz
I. Tavilah
Bender Abbas
2160
KERMAN
Kirman
4020
Désert de Lout
KOUHISTAN
Yezd
4000
Chir-Koh
KHORASSAN
Méched
Désert salé
PERSE
Téhéran
5465
Mt Demavend
Elbourz
MAZANDERAN
Barfrouch
Astérabad
Bd d'Assan Kouli
Recht
GHILAN
Bd de Kizil Agatch
Savalan
4812
Tauris
AZERBAIDJAN
L. d'Ourmiah
L. de Van
Sehend
3596
KOURDISTAN
Mts Zagros
1710
Hamadan
Kachan
3600
Ispahan
LOURISTAN
Bagdad
Tigre
Euphrate
Kerka
Karoun
ARABISTAN
Koh-i-Dina
5180
Bassorah
Fao
Koweit
Bender Bouchir
Chiraz
L. Niris
FARSISTAN
3140
LARISTAN
GOLFE PERSIQUE
Iles Bahrein (Angl.)
Échelle
Perse 1640
PRODUCTIONS
Accord anglo-russe (31 Oct. 1907)
Chevaux
Tapis
Soie
Riz
Métaux
FRUITS
Ispahan
Moutons
Kirman
TABAC
Mulets
Sel
Tapis
Armes
Hérat
Kandahar
AFGHANISTAN
Châles
B. Abbas

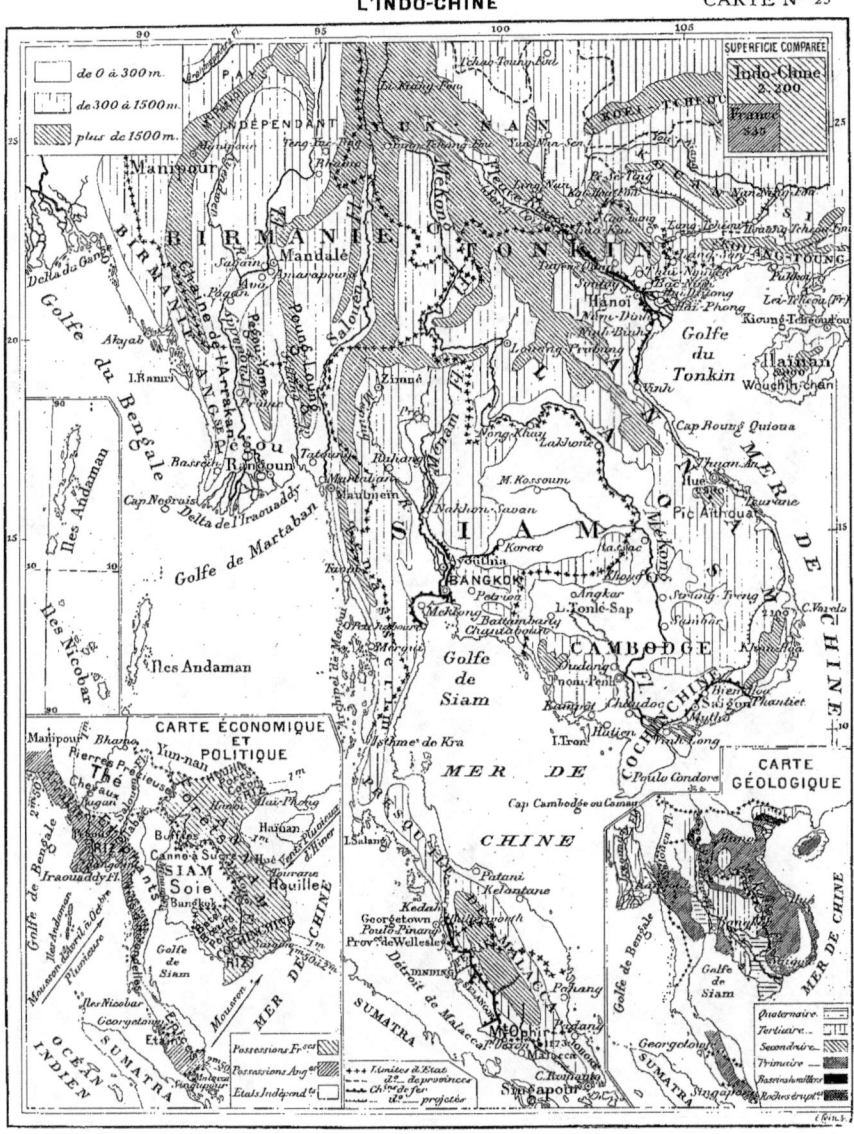

L'INDO-CHINE — CARTE N° 23

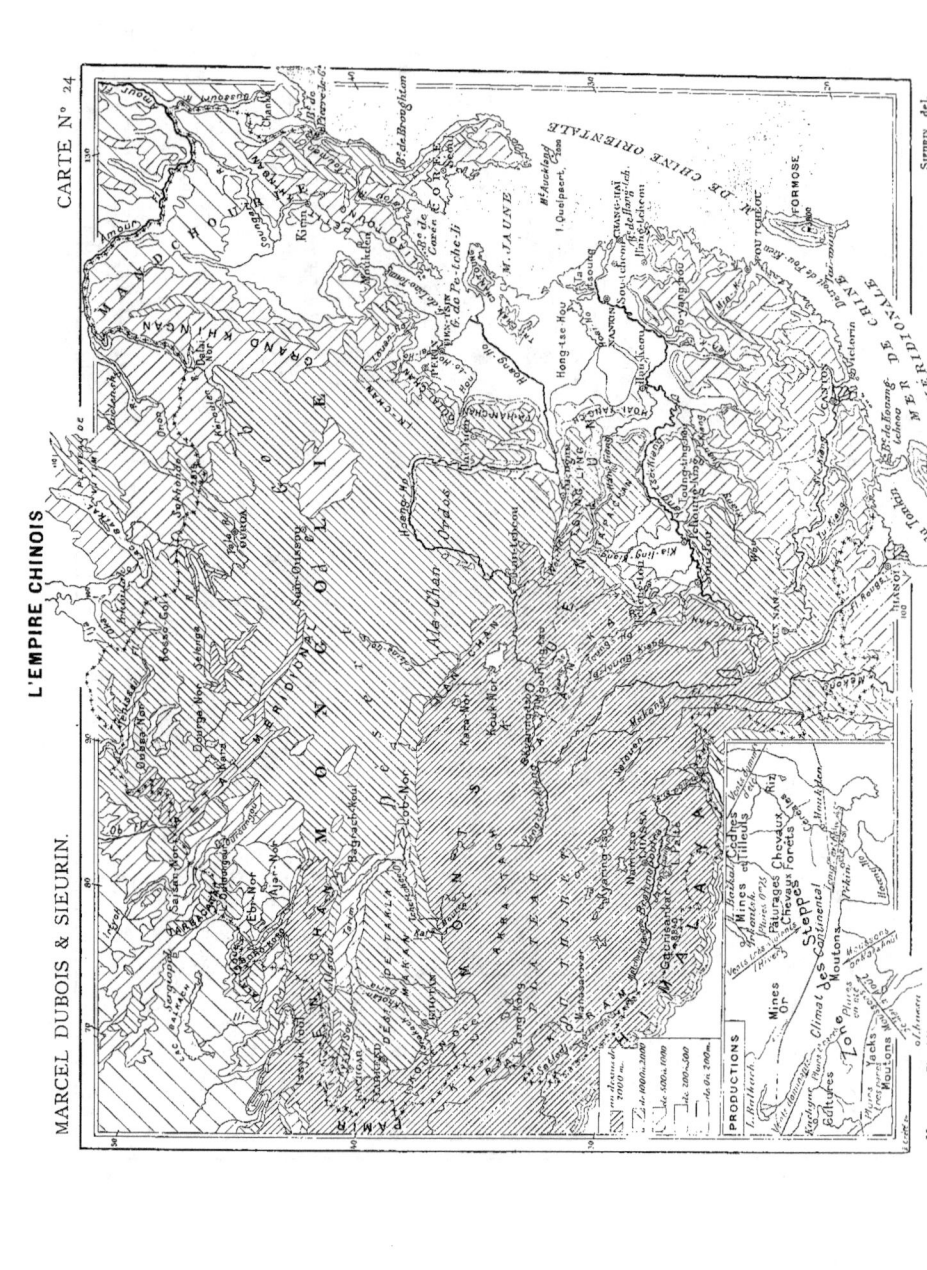

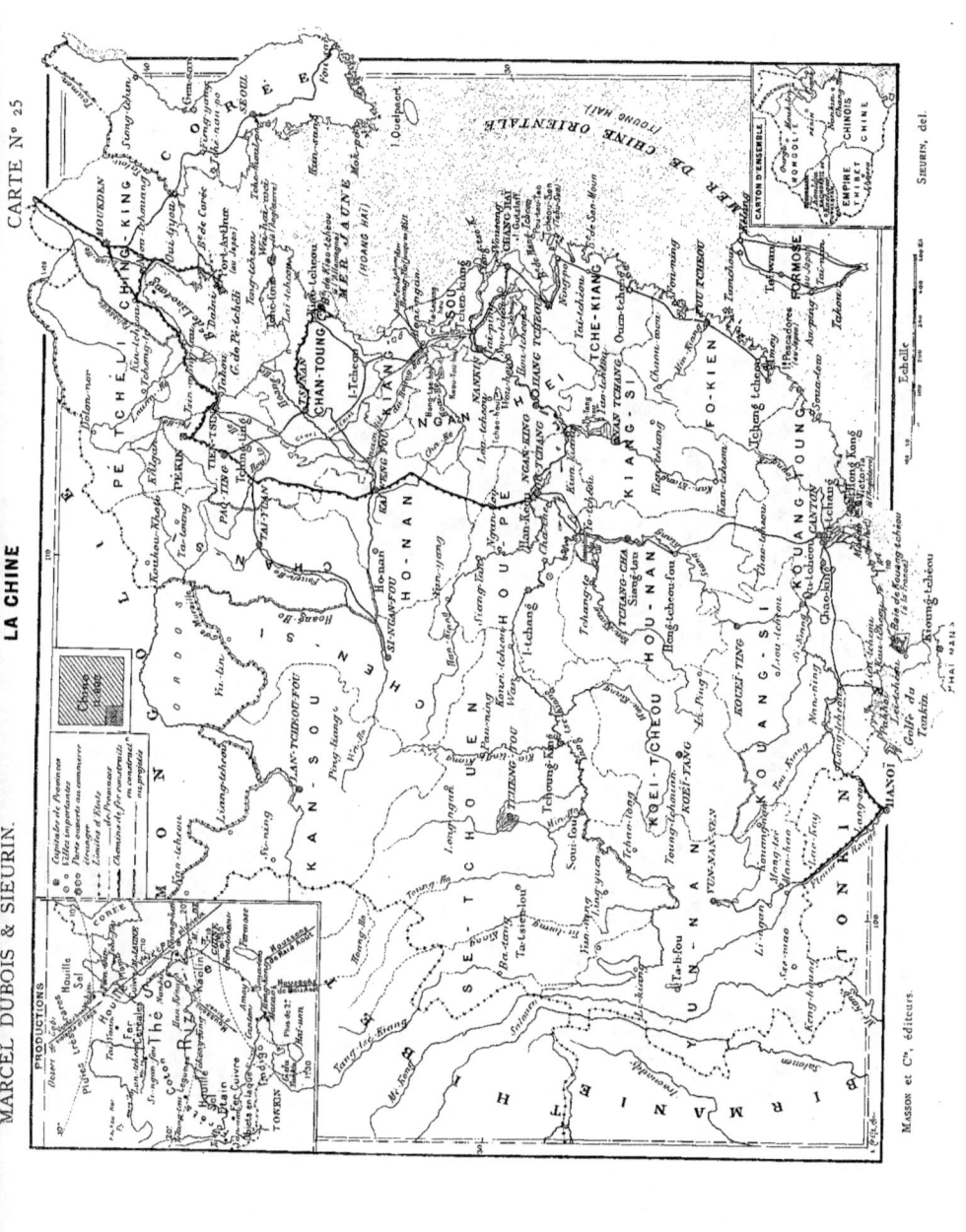

MARCEL DUBOIS & SIEURIN.   **LE JAPON**   CARTE N° 26

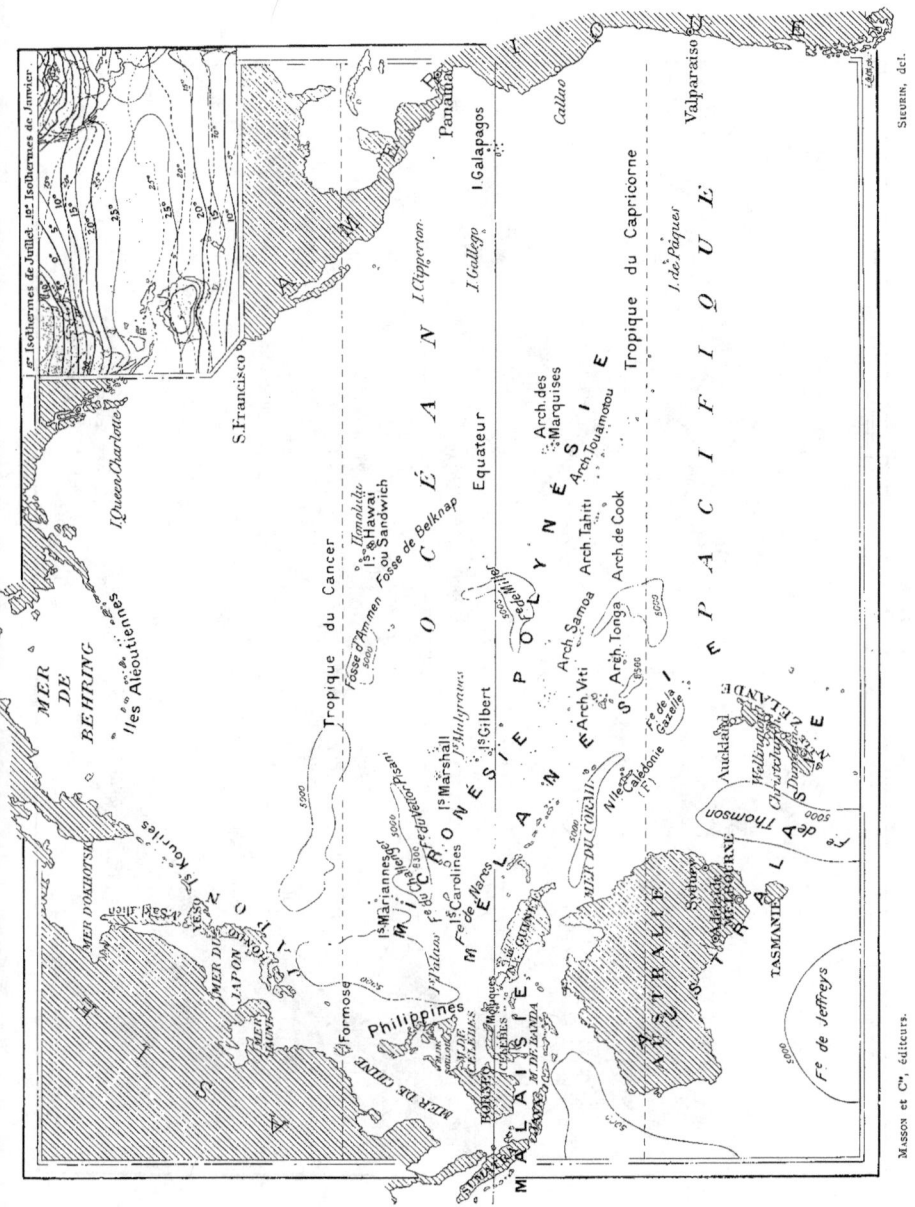

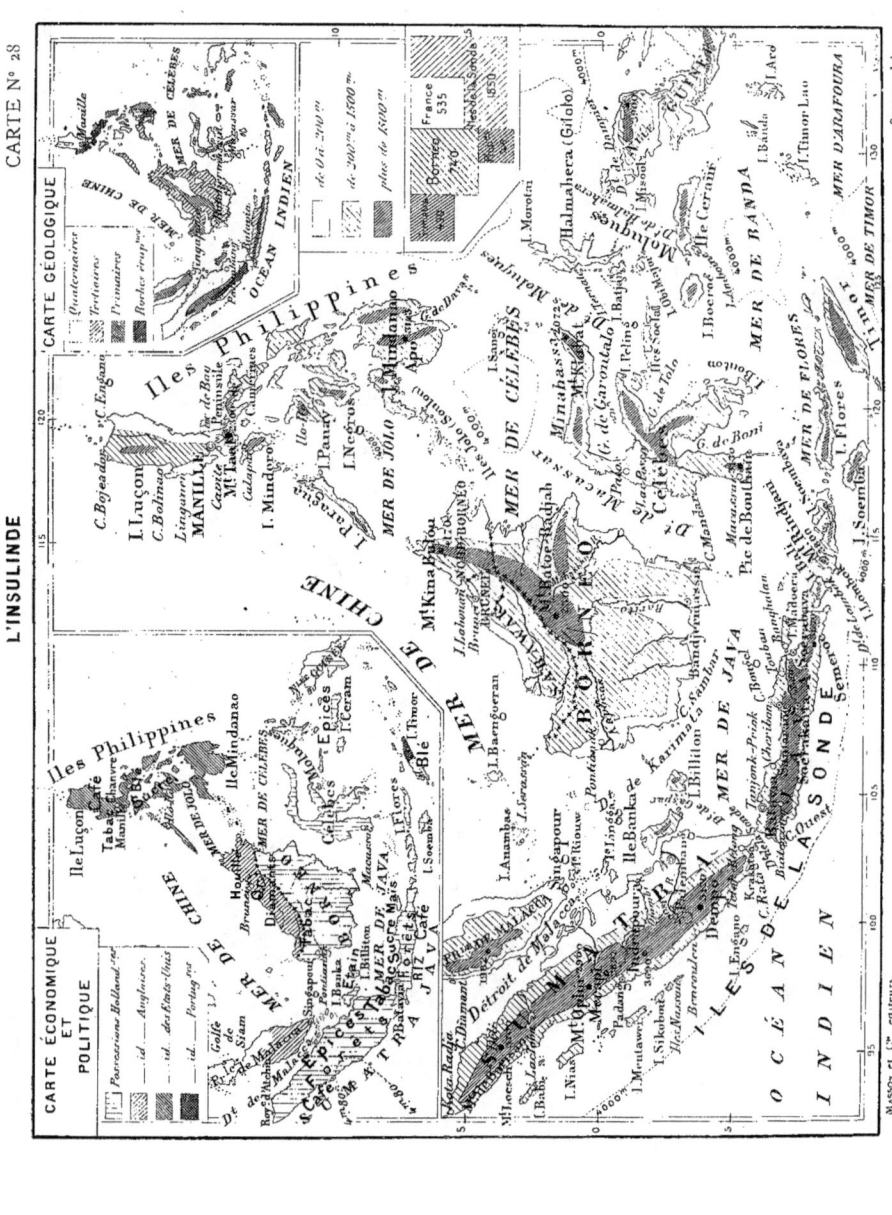

MARCEL DUBOIS & SIEURIN. L'AUSTRALIE. CARTE N° 29

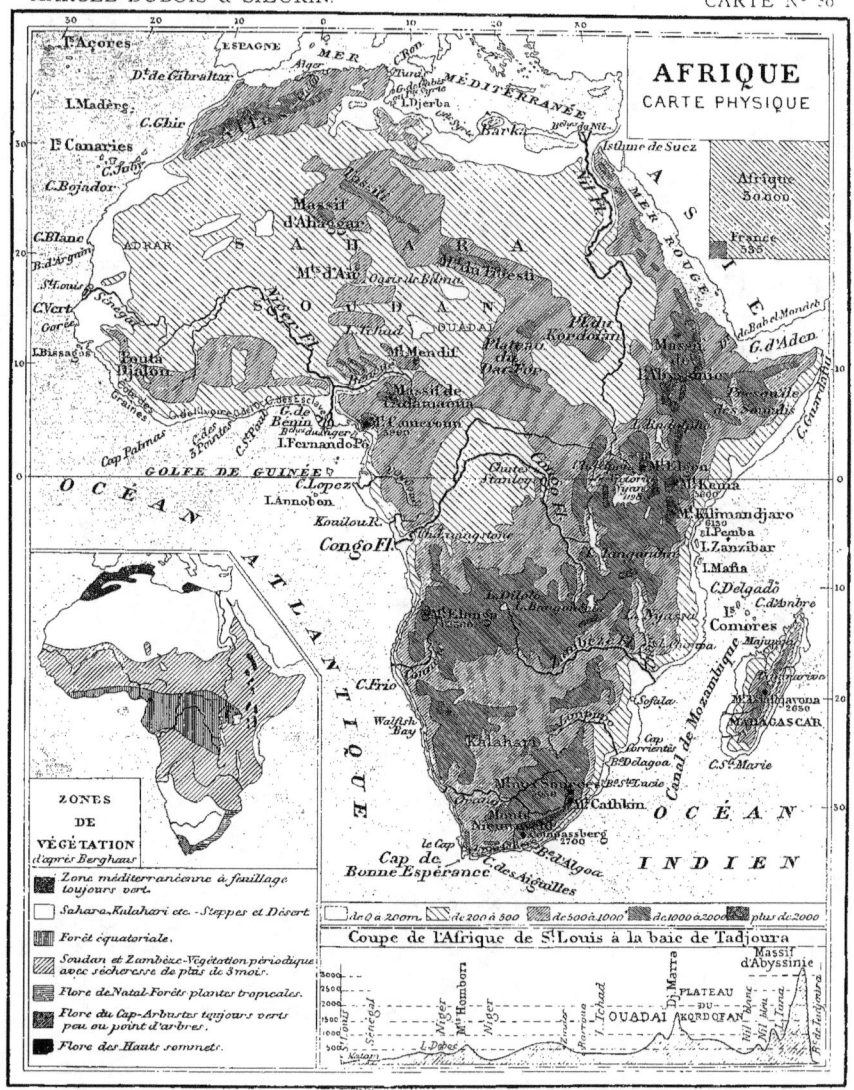

MARCEL DUBOIS & SIEURIN. ÉGYPTE ET ABYSSINIE (CARTE PHYSIQUE) CARTE N° 32

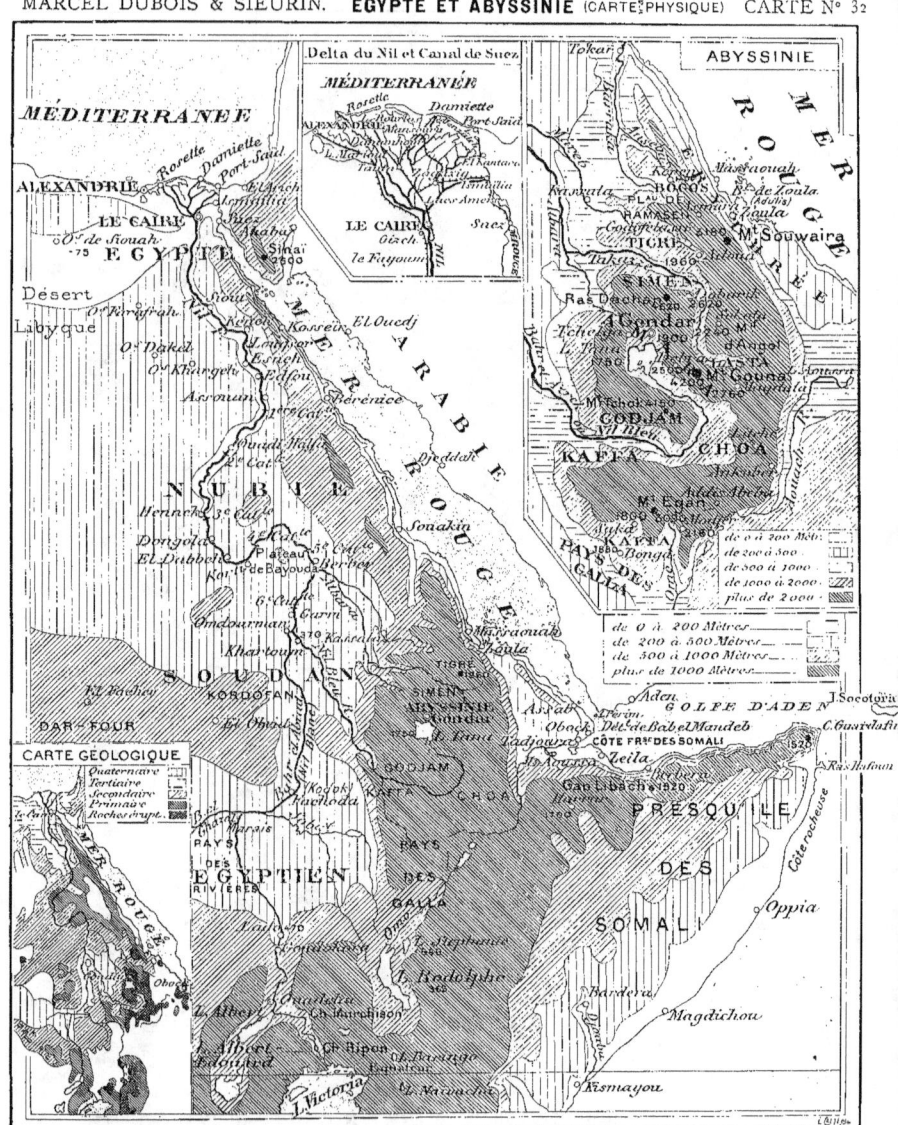

Masson et Cⁱᵉ, éditeurs. SIEURIN, del.

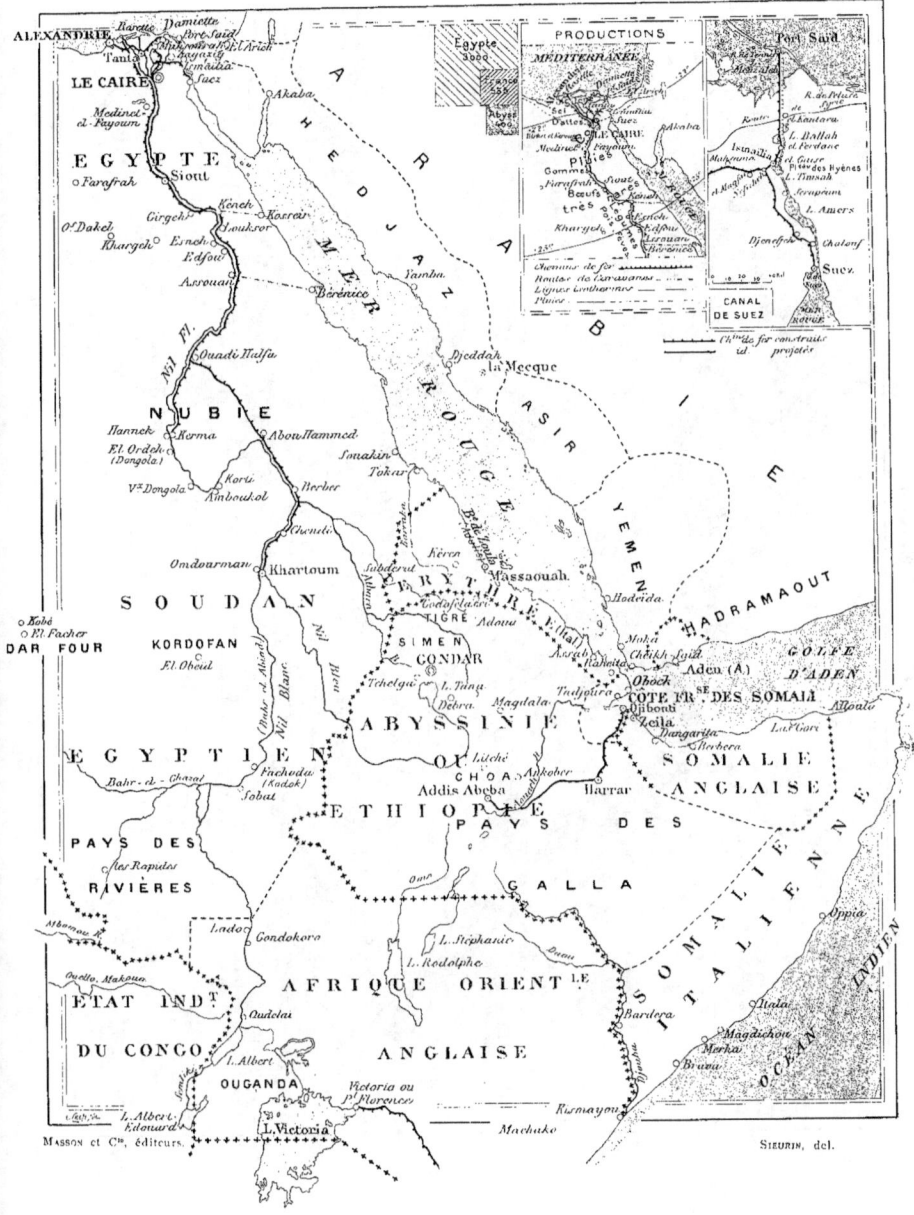

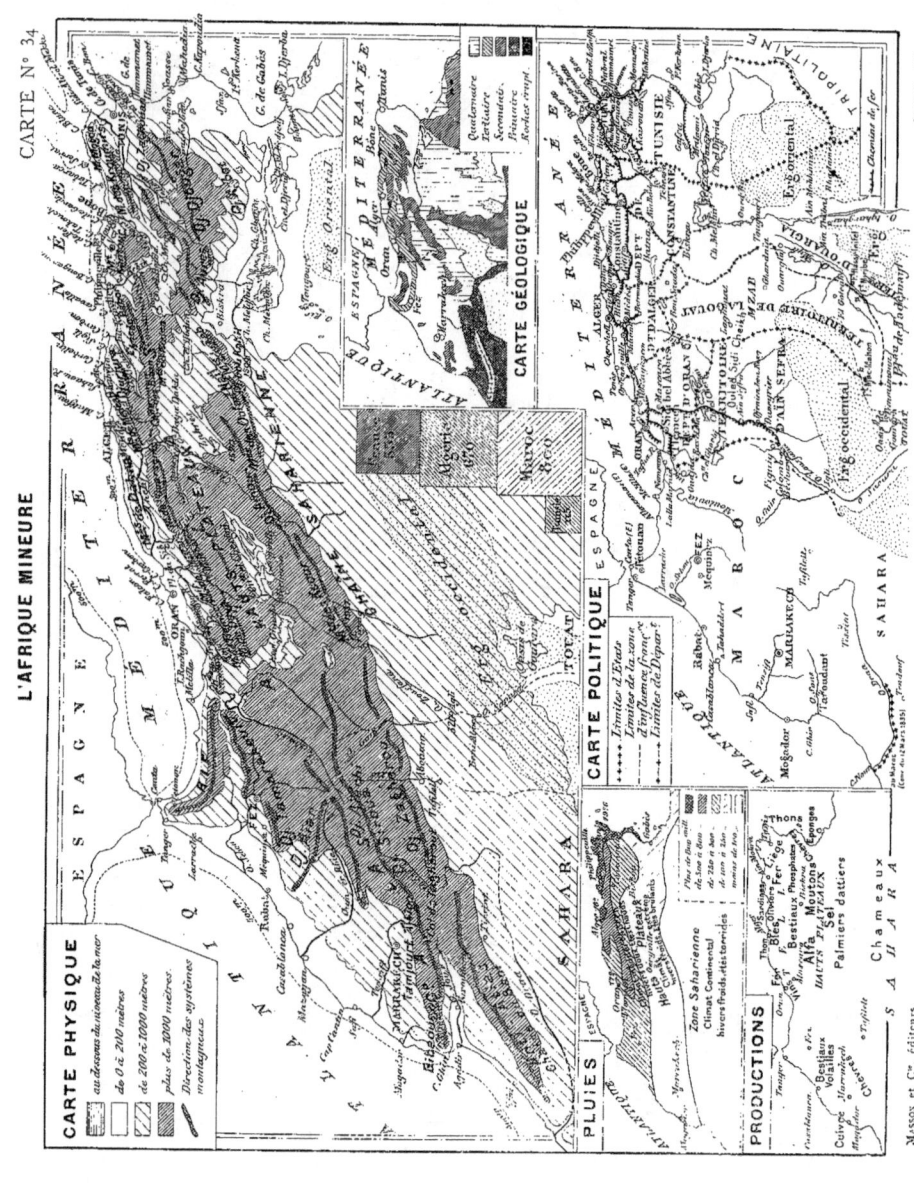

LE MAROC

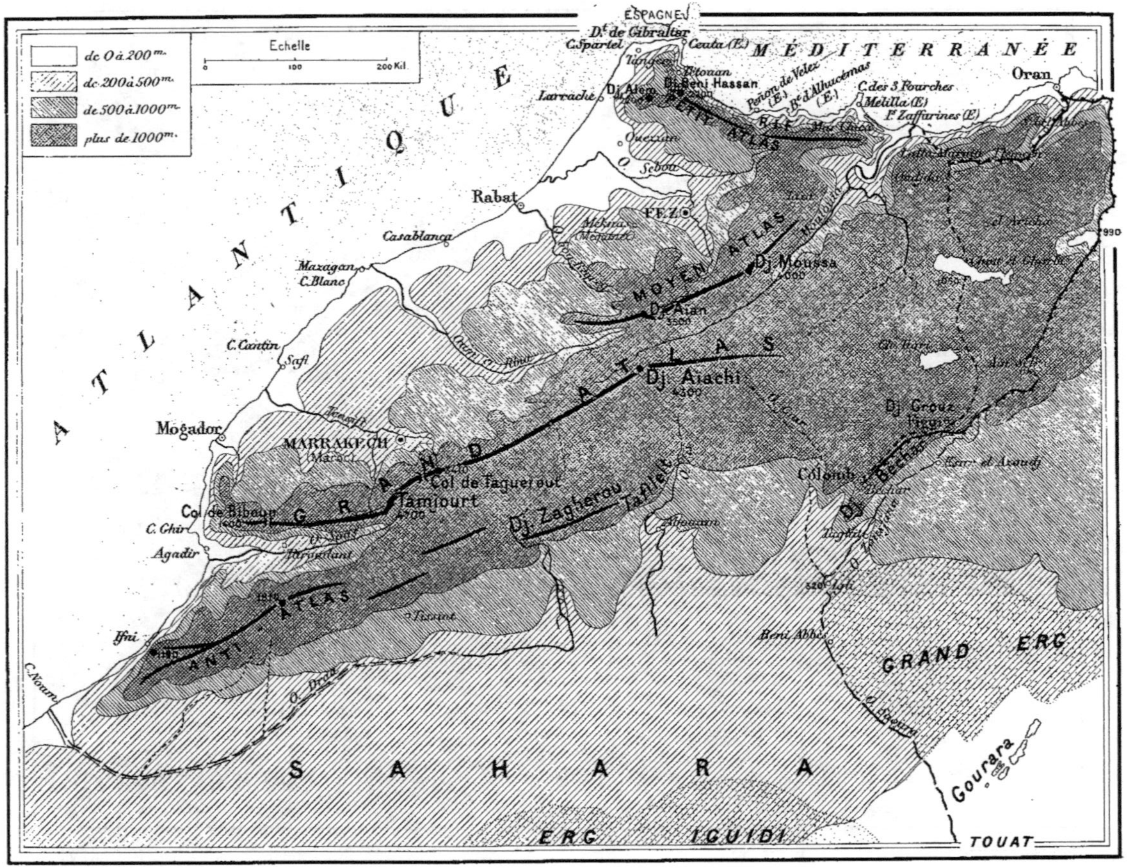

Masson et Cie, éditeurs.

Sieurin, del.

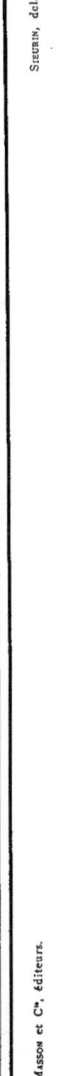

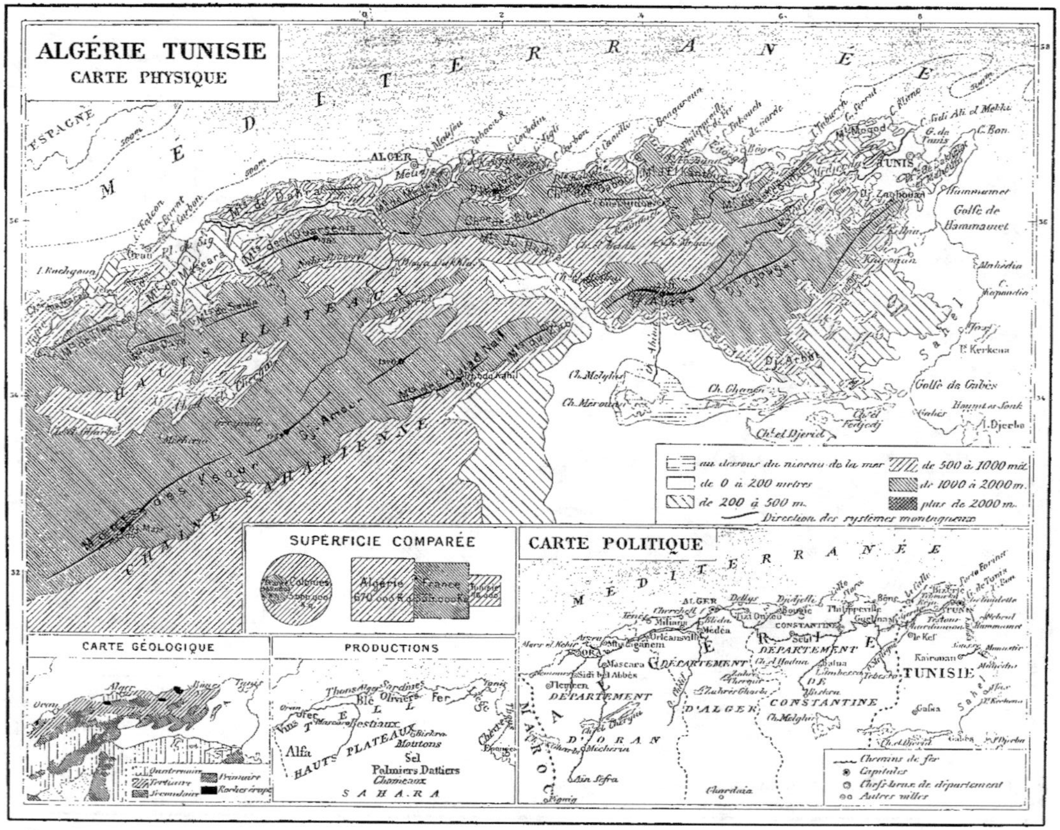
ALGÉRIE TUNISIE
CARTE PHYSIQUE
MÉDITERRANÉE
ESPAGNE
ALGER
TUNIS
HAUTS PLATEAUX
CHAÎNE SAHARIENNE
Golfe de Hammamet
Golfe de Gabès
au dessous du niveau de la mer
de 0 à 200 mètres
de 200 à 500 m.
de 500 à 1000 m.
de 1000 à 2000 m.
plus de 2000 m.
Direction des systèmes montagneux
SUPERFICIE COMPARÉE
Algérie
France
Tunisie
CARTE POLITIQUE
DÉPARTEMENT D'ORAN
DÉPARTEMENT D'ALGER
DÉPARTEMENT DE CONSTANTINE
TUNISIE
MAROC
Chemins de fer
Capitales
Chefs-lieux de département
Autres villes
CARTE GÉOLOGIQUE
Quaternaire
Tertiaire
Secondaire
Primaire
Roches éruptives
PRODUCTIONS
Alfa
Palmiers Dattiers
Chameaux
SAHARA

CARTE N° 37

SAHARA, TRIPOLITAINE, SOUDAN

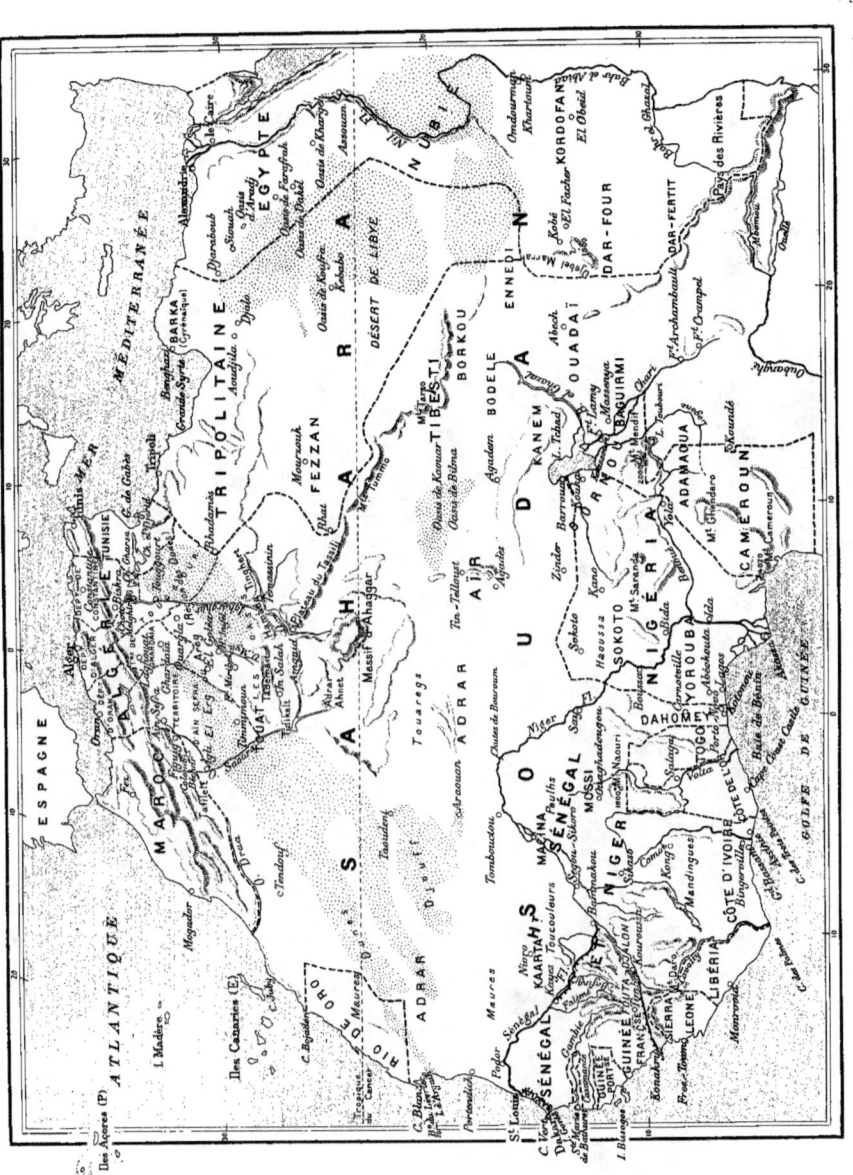

MARCEL DUBOIS & SIEURIN. AFRIQUE ÉQUATORIALE PHYSIQUE CARTE N° 38

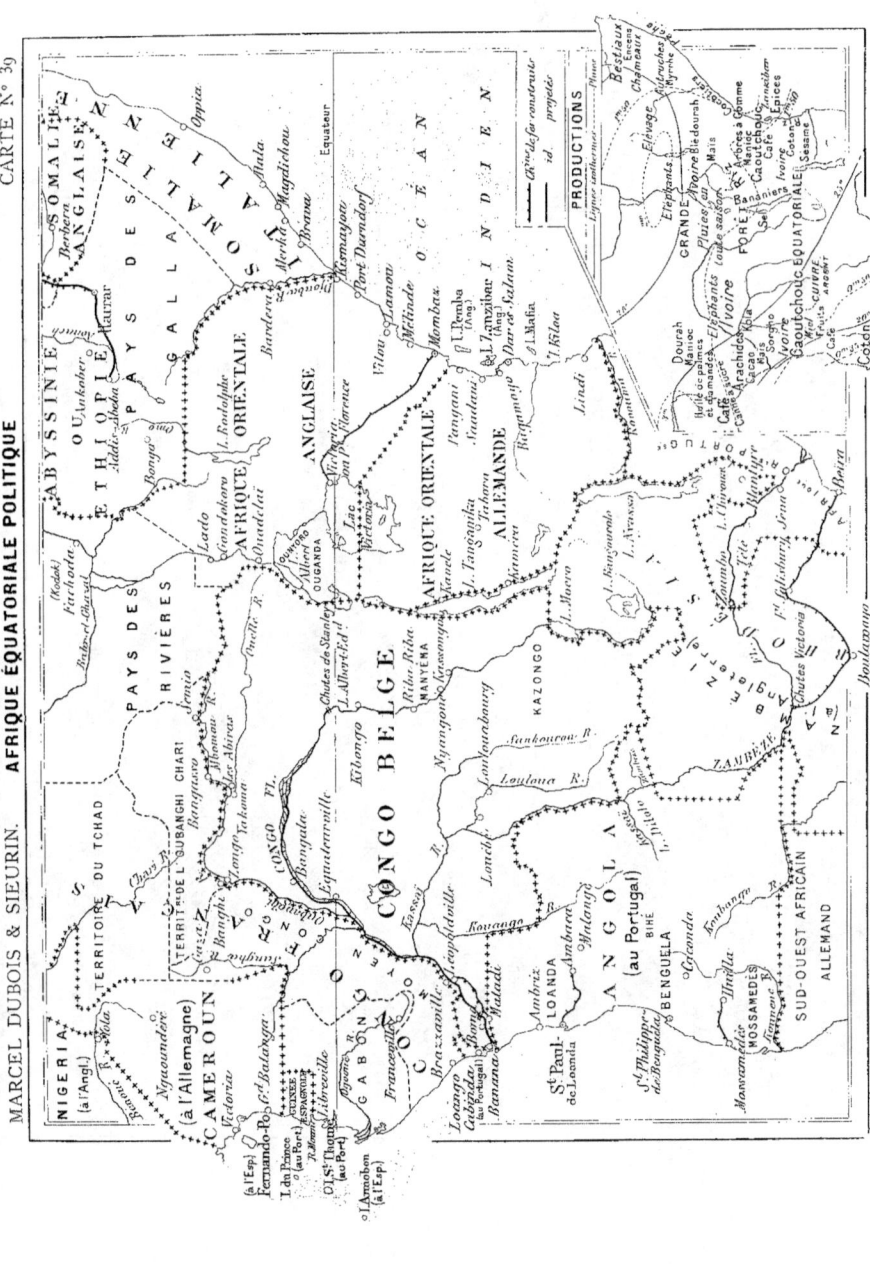

MARCEL DUBOIS & SIEURIN. **AFRIQUE AUSTRALE PHYSIQUE** CARTE N° 40

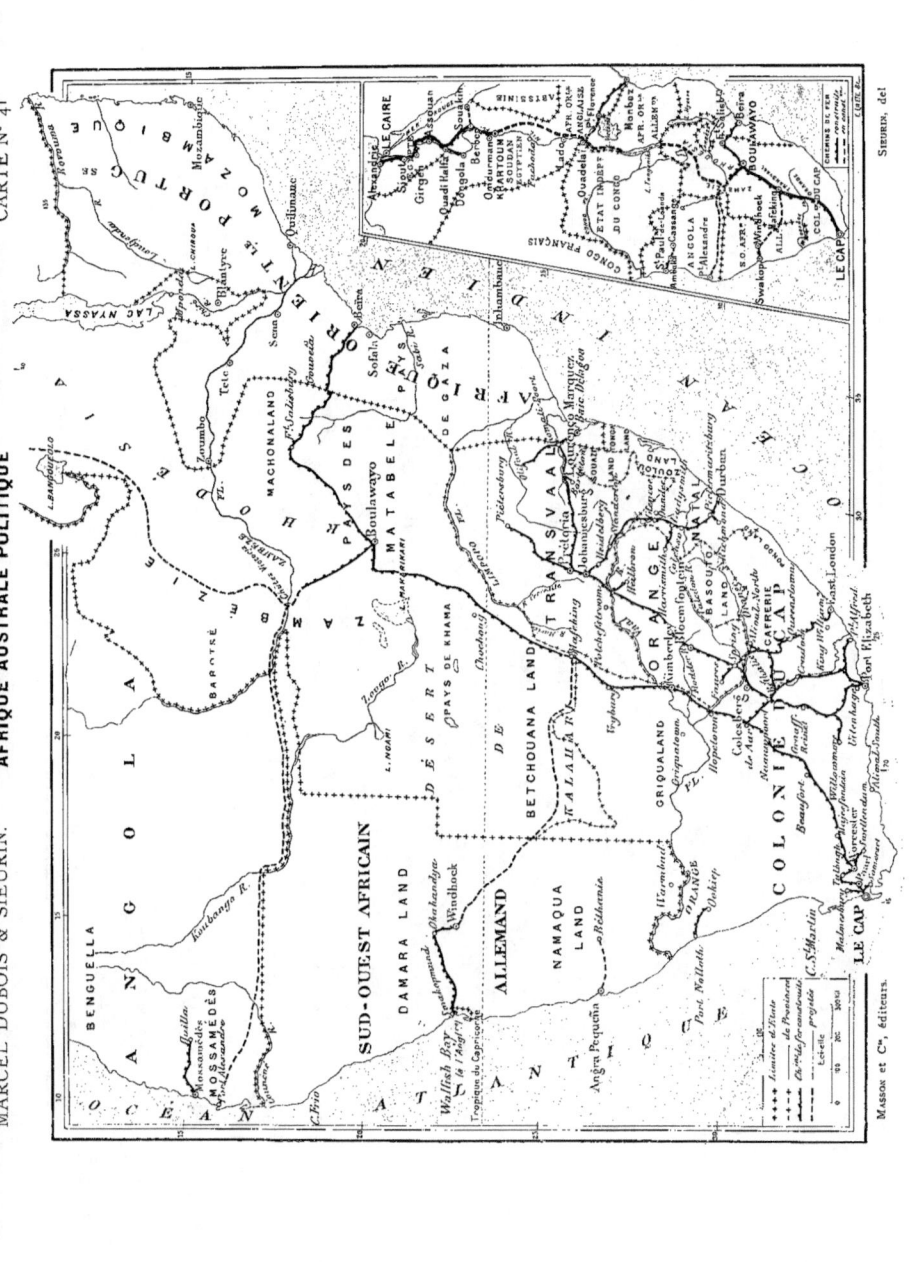

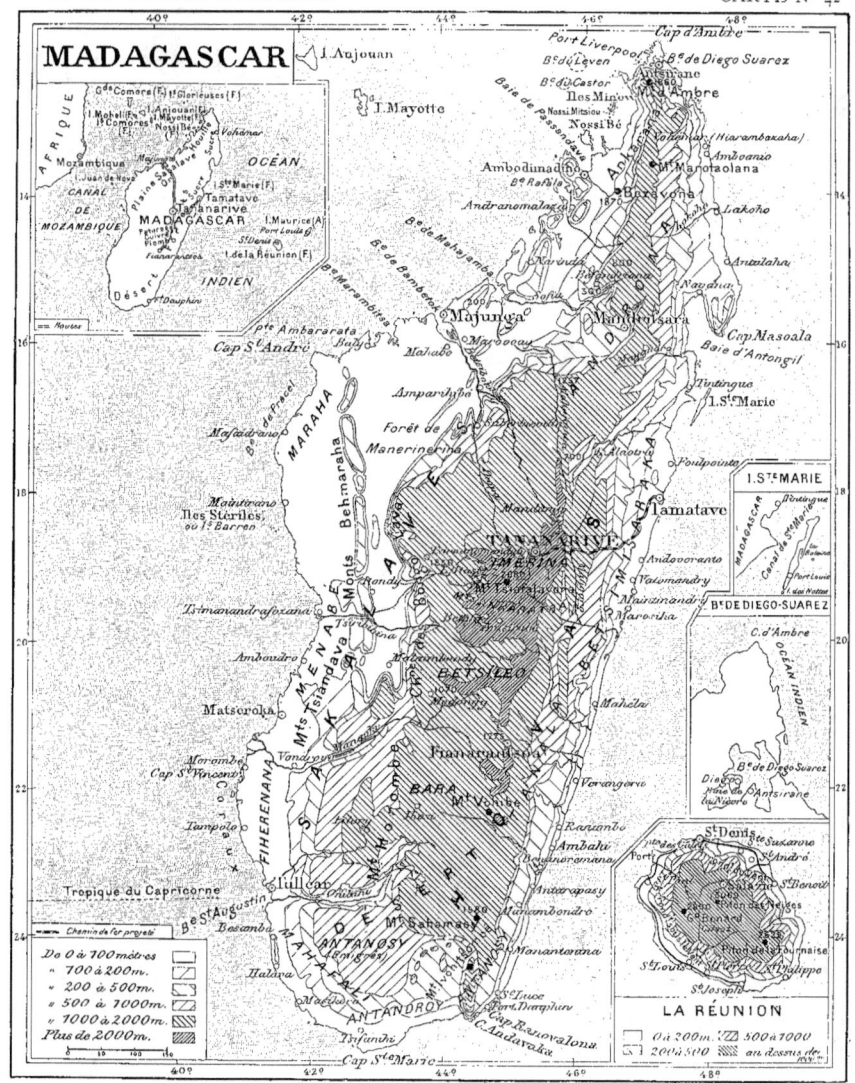

MARCEL DUBOIS & SIEURIN.   **AMÉRIQUE PHYSIQUE**   CARTE Nº 43

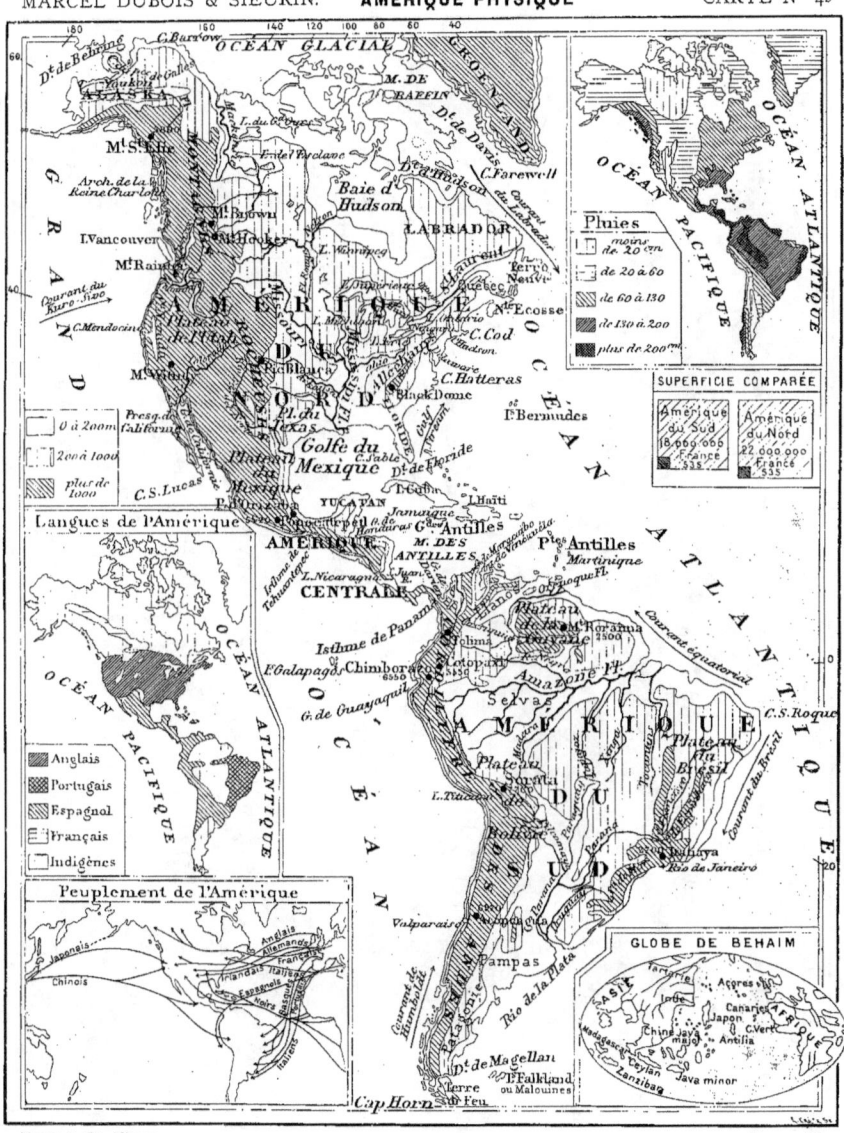

L'AMÉRIQUE DU NORD PHYSIQUE — CARTE N° 44

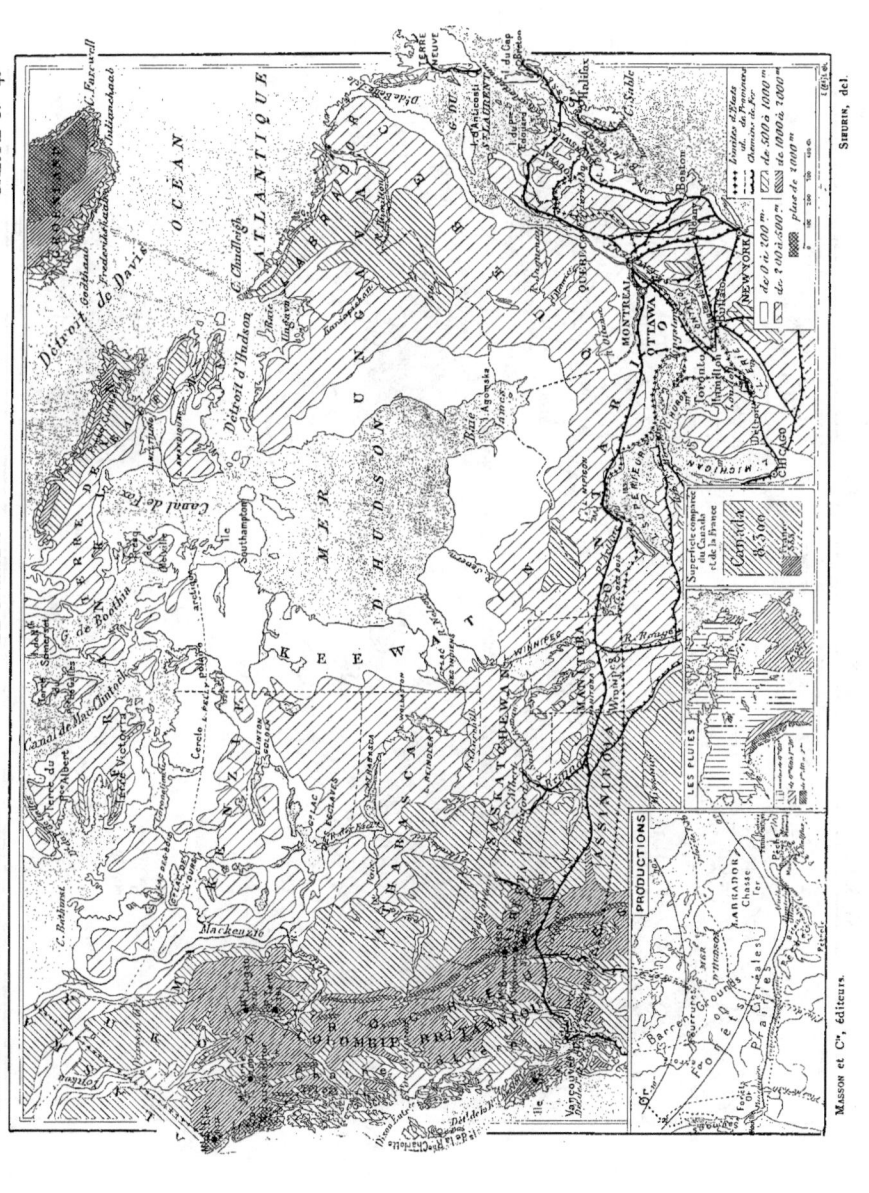

CARTE N° 45. — LE CANADA

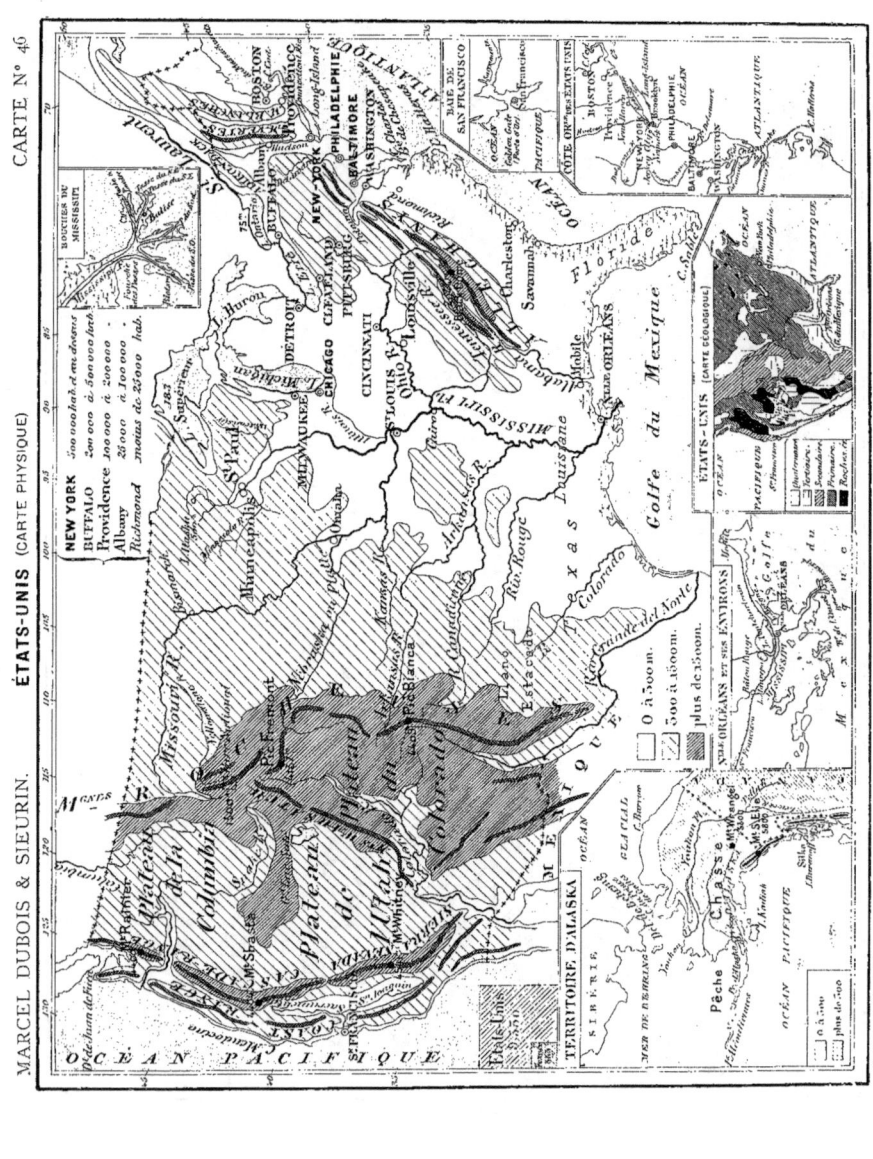

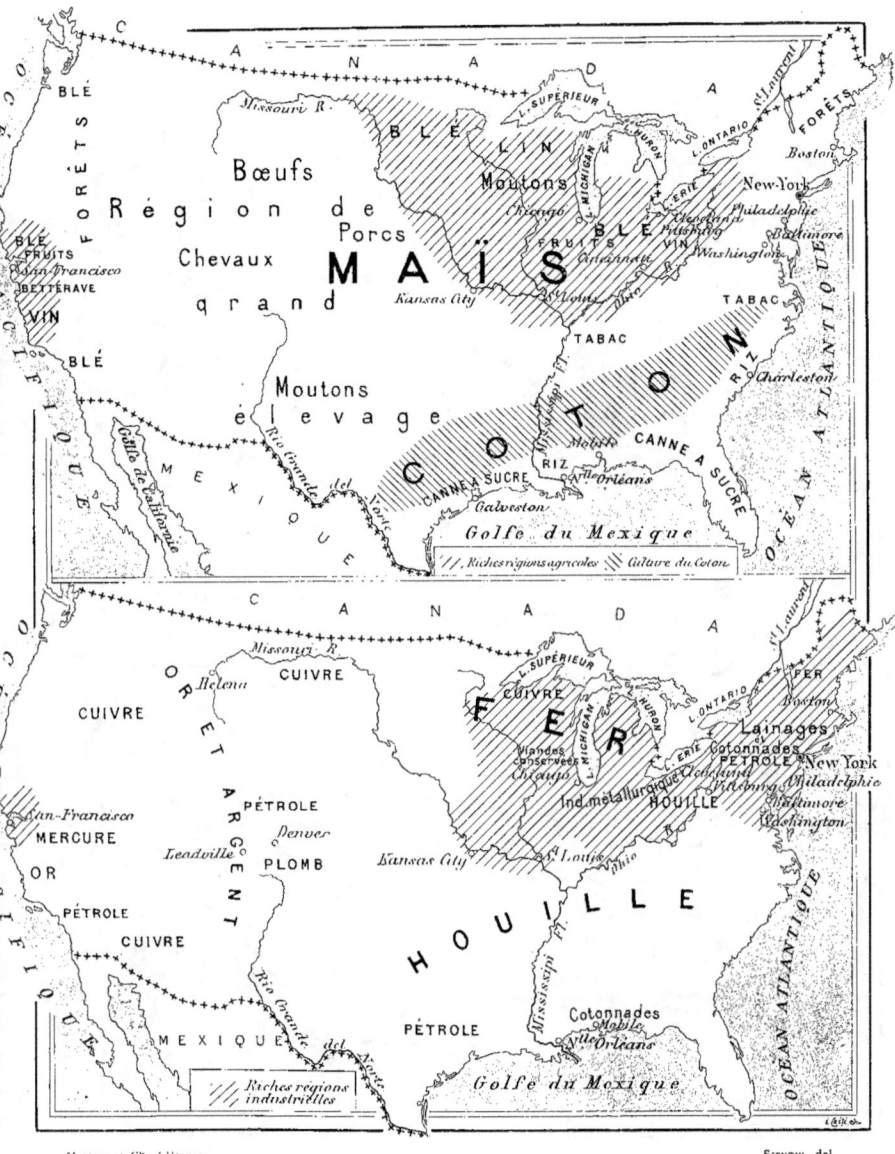

MARCEL DUBOIS & SIEURIN.   LES ÉTATS-UNIS (CARTE POLITIQUE)   CARTE N° 48

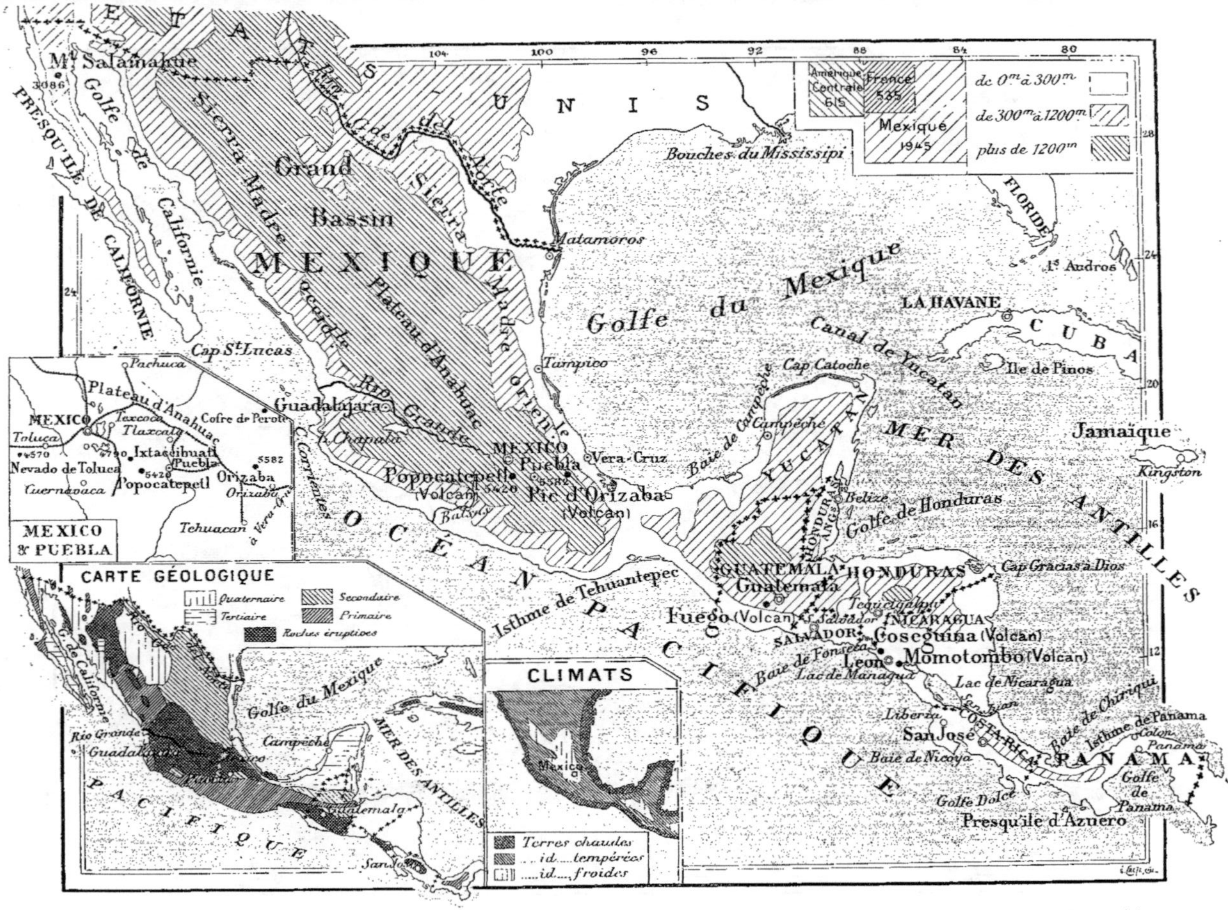

Masson et Cie, éditeurs. Sieurin, del.

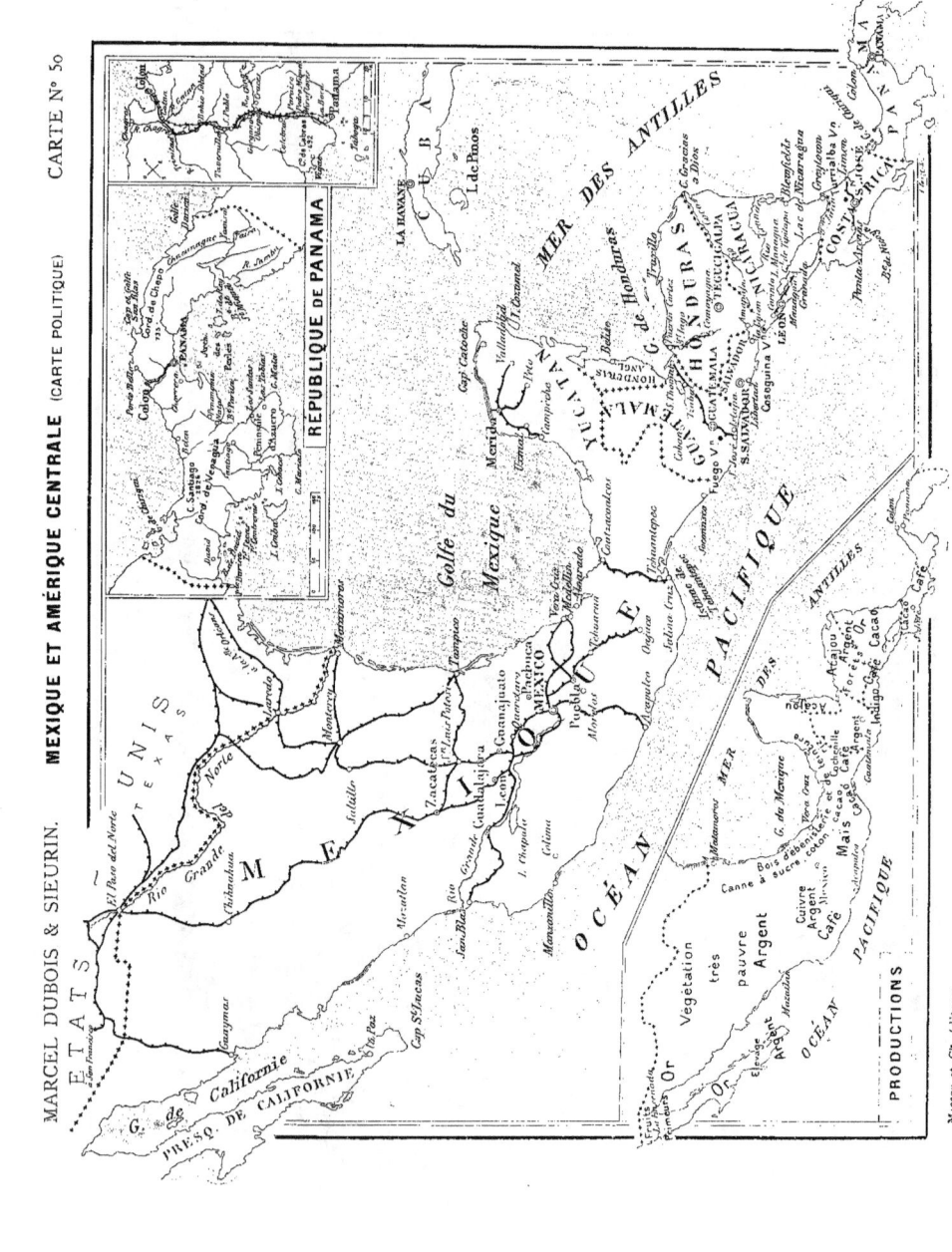

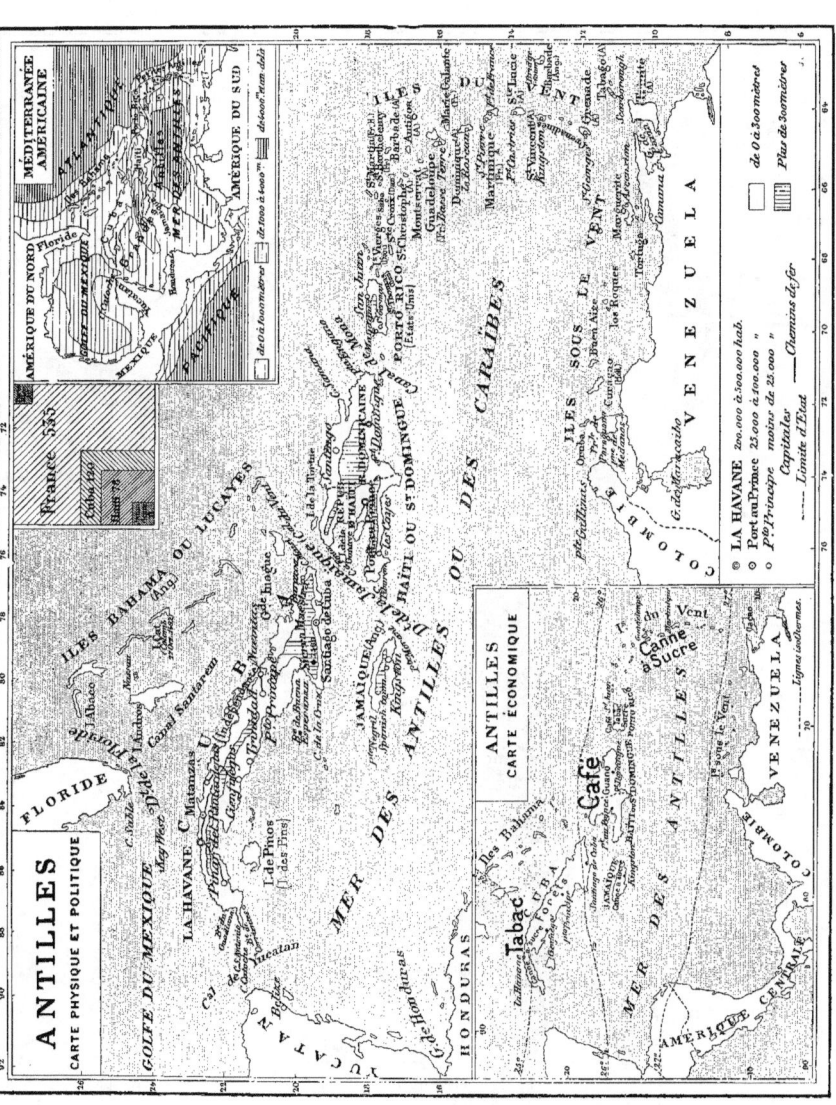

CARTE N° 51

MARCEL DUBOIS & SIEURIN. L'AMÉRIQUE DU SUD (CARTE PHYSIQUE) CARTE N° 52

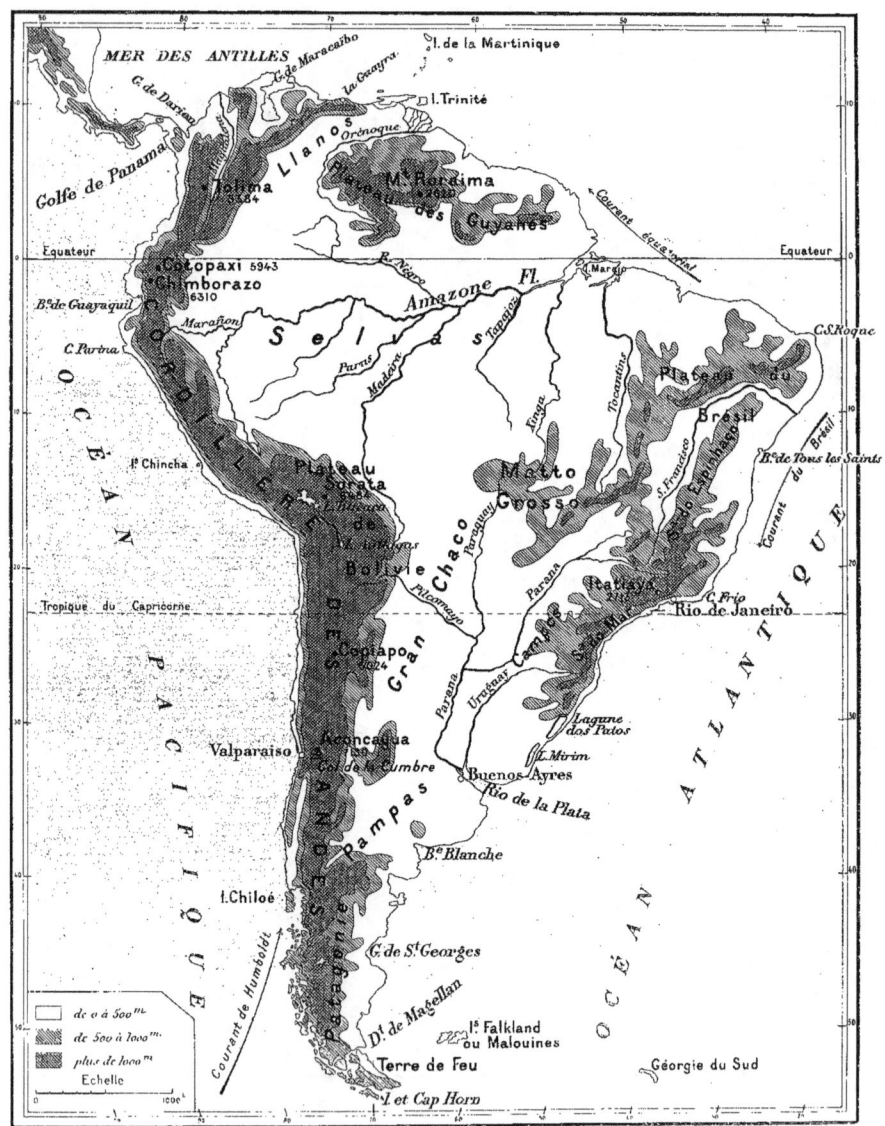

MARCEL DUBOIS & SIEURIN. **L'AMÉRIQUE DU SUD** (CARTE POLITIQUE)   CARTE N° 53

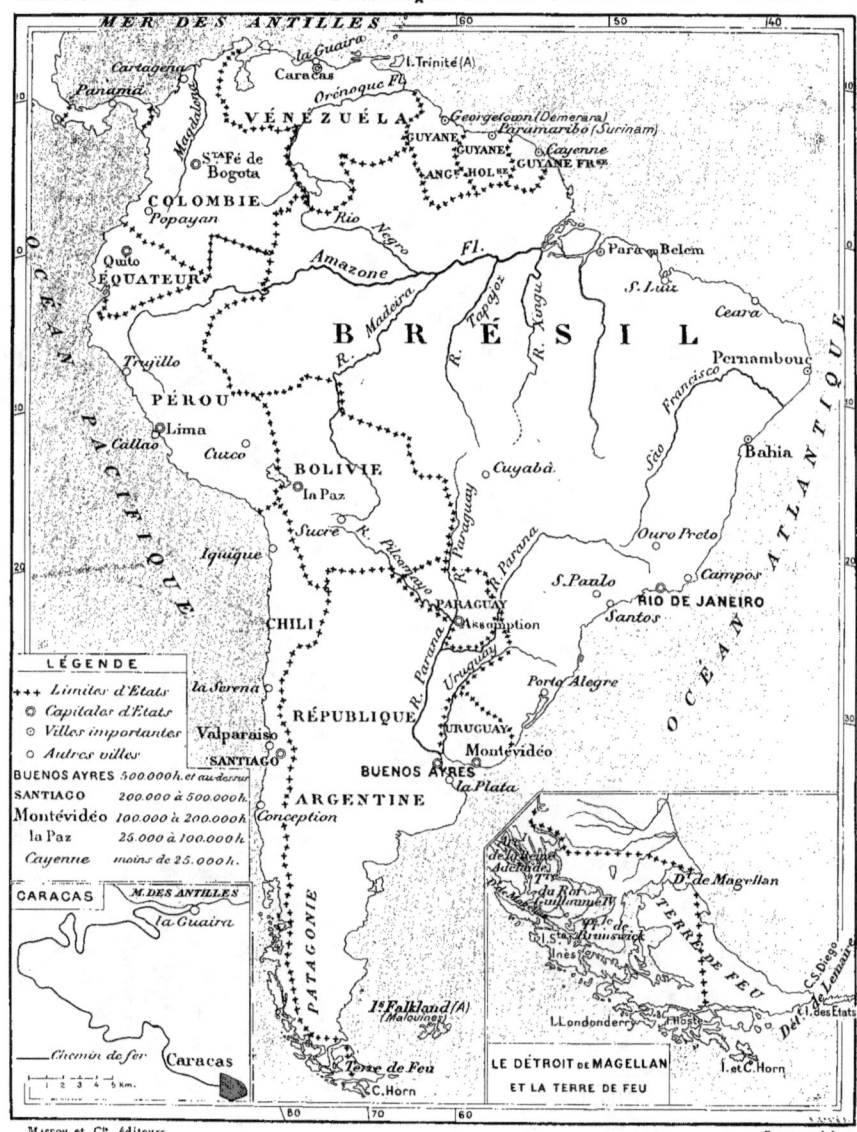

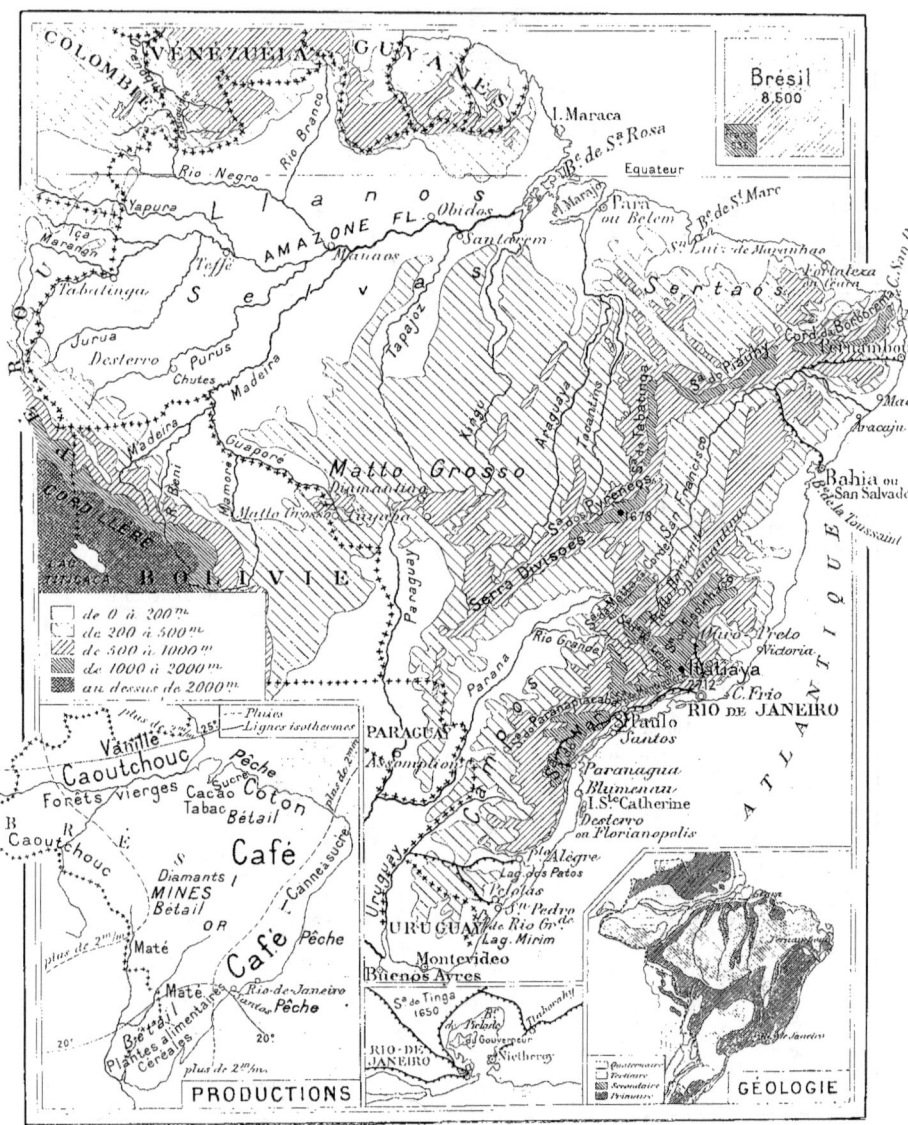

ÉTATS-UNIS DU BRÉSIL — CARTE N° 54

CHILI. — RÉPUBLIQUE ARGENTINE

CARTE N° 55

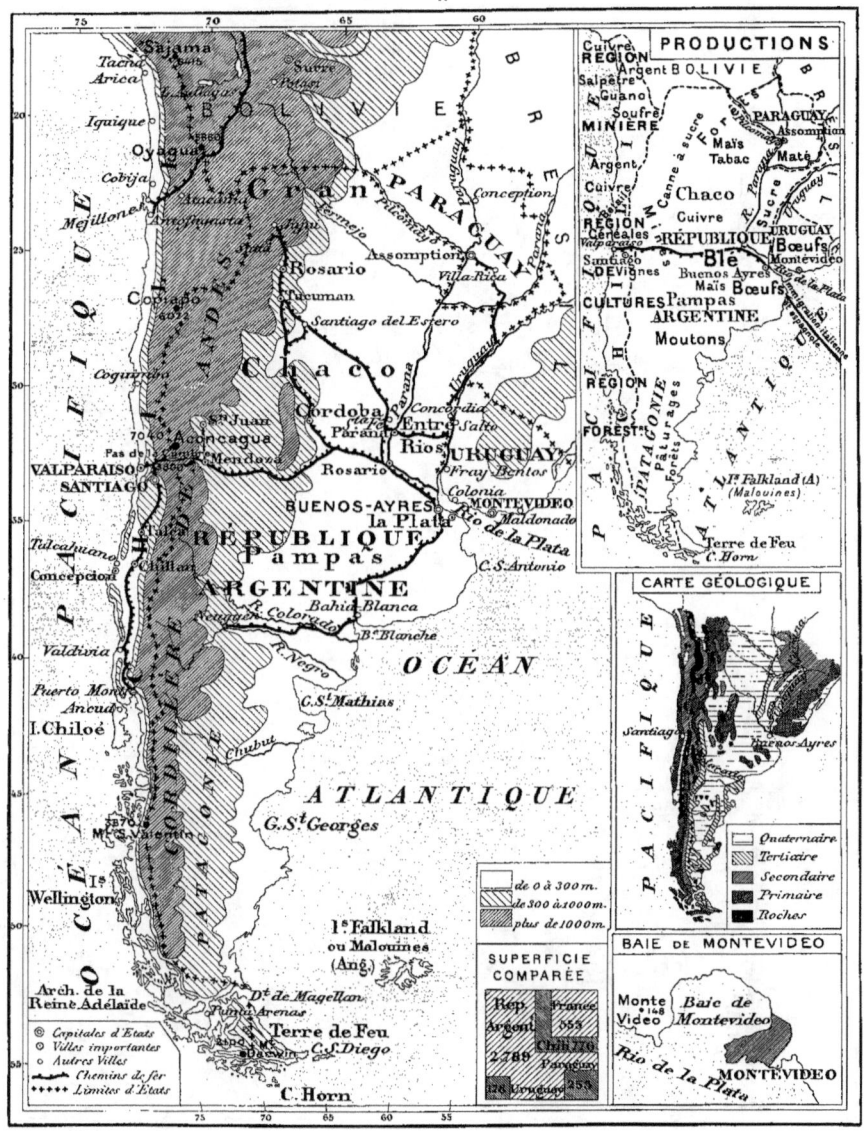

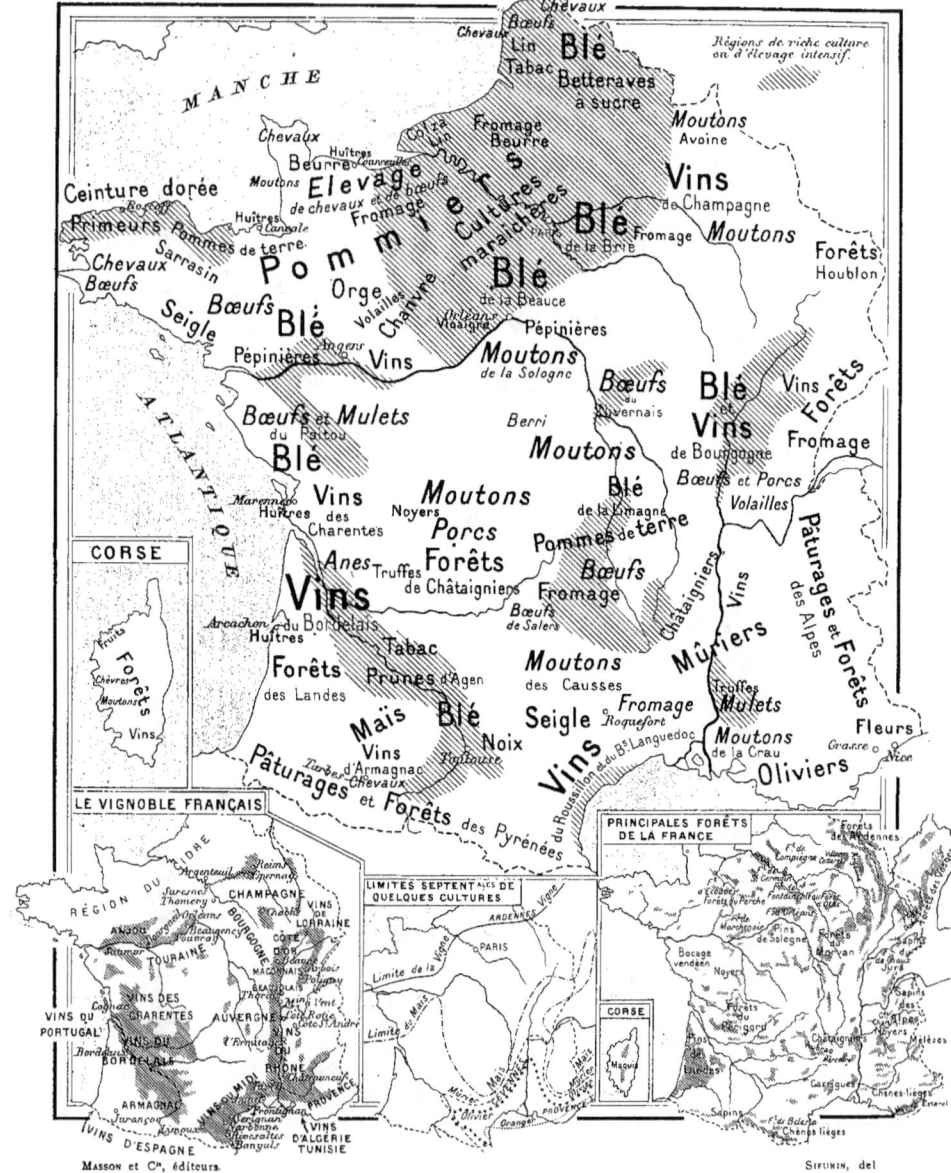

MARCEL DUBOIS & SIEURIN. **FRANCE INDUSTRIELLE** CARTE N° 57

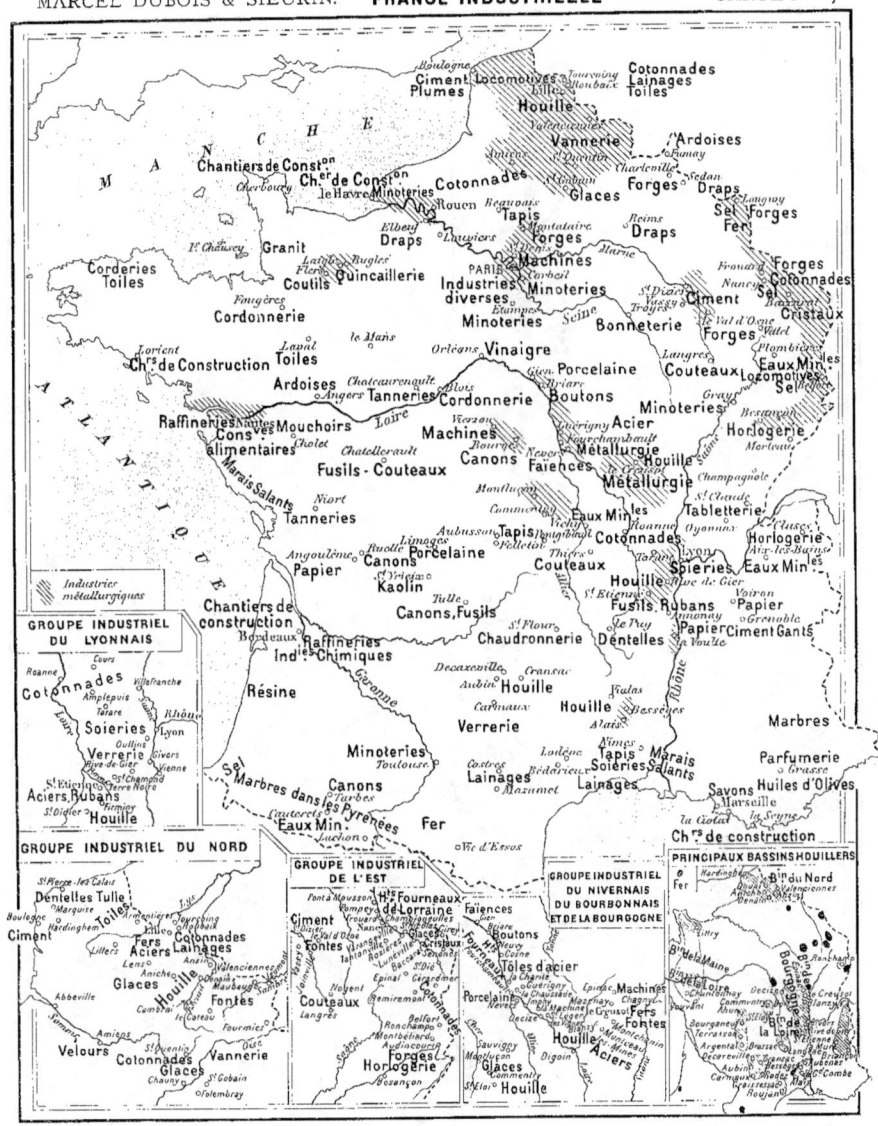

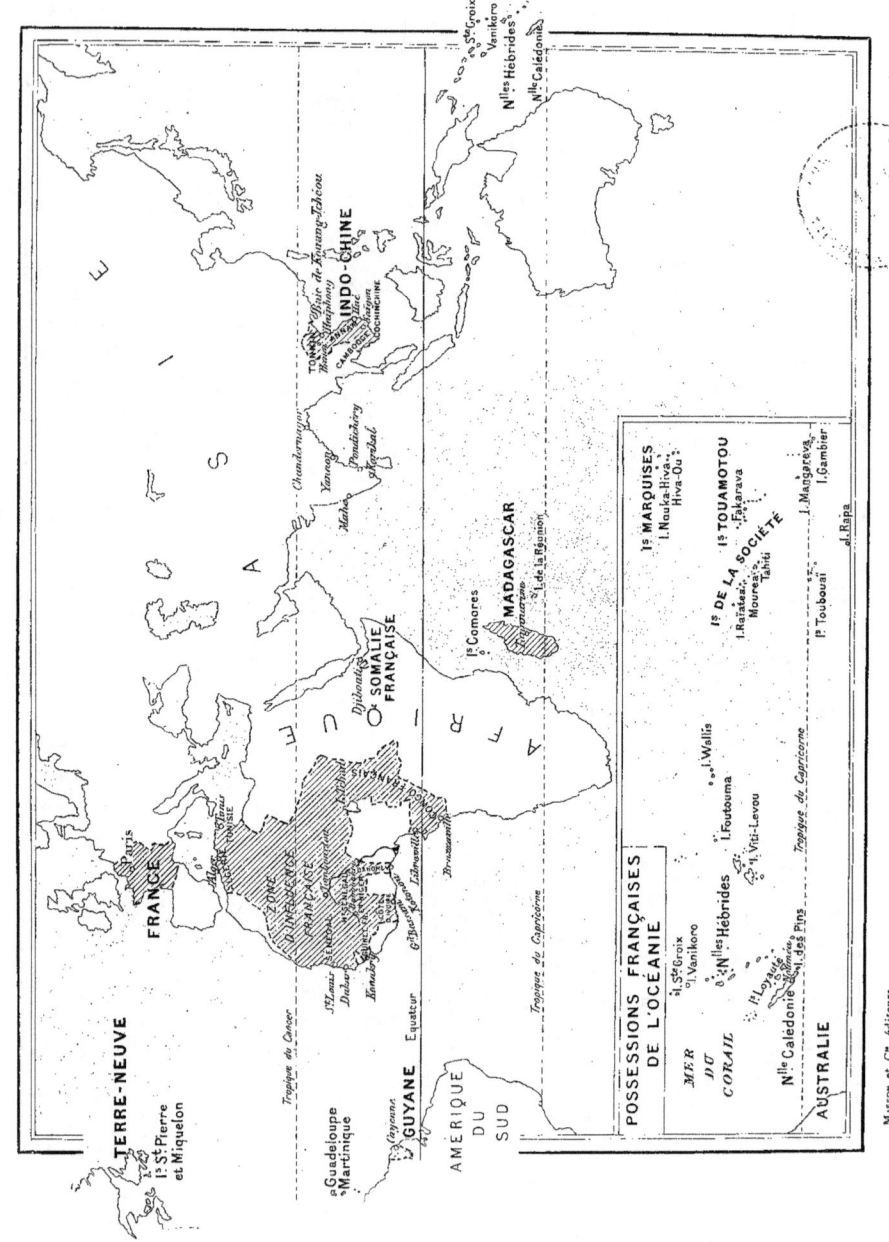

www.ingramcontent.com/pod-product-compliance
Lightning Source LLC
LaVergne TN
LVHW021717080426
835510LV00010B/1020